bj

J. R. R. TOLKIEN
el mago
de las palabras

Eduardo Segura

Casals

Directora de la colección: Mercedes Álvarez

© 2002, by Eduardo Segura y Editorial Casals, SA
Tel. 902 107 007
editorialcasals.com
bambulector.com

Diseño de cubierta: Bassa & Trias
Fotografías: Aci, Aisa, Album, Corbis-Cordon Press, Getty Images, Prisma, Top-Fo-
to-Cordon Press y Eduardo Segura

Séptima edición: diciembre de 2019
ISBN: 978-84-218-4810-4
Depósito legal: M-34.658-2011
Printed in Spain
Impreso en Anzos, SL, Fuenlabrada (Madrid)

A mi maestro, José Miguel Odero,
cuya voz fue siempre la del amigo
y el guía: anar kaluva tielyanna!

De los hobbits y la ordenación de la Comarca...

«En un agujero en el suelo, vivía un hobbit...» Cuando J. R. R. Tolkien escribió esta frase, a finales de la década de 1920, no podía sospechar qué ocurriría después. Estaba sentado en su estudio, corrigiendo exámenes para obtener un dinero extra. Su sueldo como profesor en la universidad de Oxford no era suficiente para mantener a una familia numerosa. Por suerte para Tolkien (y, con el tiempo, para millones de lectores), un alumno había dejado la hoja de su ejercicio en blanco; y allí, apresuradamente, el profesor garabateó esas palabras... que echaron a rodar la magia. Muchos años después, explicó que en aquel momento no sabía lo que eran los hobbits. Tuvo que «descubrirlo», imaginando la historia de esa simpática raza, creando su pasado, su historia.

Sus cuatro hijos eran pequeños por entonces. Ronald les contaba cuentos por la noche, antes de que se acostasen. Y, cuando ya estaban vencidos por el sueño, él bajaba al garaje de su casa, convertido en un estudio repleto de papeles, estanterías y libros en lenguas extrañas, antiguas y remotas, y ponía por escrito lo que acababa de contarles. Poco a poco, página a página, fue creciendo la historia de Bilbo Bolsón, un hobbit perezoso a quien no gustaban las aventuras. Un buen día, mientras fumaba de su pipa junto a la redonda puerta de su agujero hobbit, apareció un mago. El mago, por supuesto, era Gandalf, que le anunció que esa misma tarde, a la hora del té, aparecerían unos amigos suyos y le informarían sobre la difícil misión para la que necesitaban su ayuda.

Los trece enanos aparecieron puntualmente, en pequeños y ruidosos grupos, ante la creciente perplejidad de Bilbo. El temible dragón Smaug había robado el tesoro de los enanos, y lo guardaba en la Montaña Solitaria. Había que emprender un viaje peligroso e incierto para recuperar lo que era de ellos. Y aunque Bilbo no quería, se vio envuelto en una aventura increíble que cambiaría su vida para siempre.

También la vida de Ronald Tolkien cambió a partir de ese momento. El desconcierto que sentía ante las peripecias de Bilbo fue en aumento a medida que el libro crecía y crecía, lleno de hazañas y emoción. Era un cuento para niños, pero más terrible y sombrío de lo normal. *El Hobbit* se publicó en 1937 y enseguida tuvo un éxito enorme. La editorial Allen & Unwin, de Londres, le pidió que escribiera una continuación. «Escriba más cosas sobre hobbits», le dijeron. Pero Tolkien no sabía por dónde seguir, porque *El Hobbit* tenía como subtítulo *Historia de una ida y una vuelta*, y se suponía que Bilbo había regresado a Bolsón Cerrado cargado de riquezas y que «fue feliz durante el resto de sus días». Poco más cabía esperar de una cosa así...

¿O sí? Ronald se puso a trabajar, y en diciembre de 1937 ya había escrito el primer capítulo de la nueva historia. Pero escribir primeros capítulos es fácil. No sabía cómo seguir adelante... hasta que en los caminos de la Comarca apareció un misterioso Jinete Negro montando un enorme caballo oscuro. ¿Quién era ese espectro? ¿De dónde venía? ¿Por qué estaba interesado en un hobbit llamado «Bolsón»? ¿Y qué tenía que ver el anillo mágico en todo aquello?

Las preguntas exigían respuestas, y pronto John Ronald tuvo que buscar la solución a los acertijos en su imaginación, en las tinieblas de su memoria... ¡Claro! La historia de Bilbo podía enlazarse con la obra que había comenzado a elaborar en 1914, *El Libro de los Cuentos Perdidos*. El nuevo cuento, que en abril de 1938 se llamó ya *El Señor de los Anillos,* era el eslabón entre las leyendas del pasado de la Tierra Media y la aventura de Bilbo y los enanos en la Montaña Solitaria. ¡Era una historia emocionante!

Historia de una ida y una vuelta (1892-1904)

Los primeros años

John Ronald Reuel Tolkien nació el 3 de enero de 1892 en Bloemfontein (Sudáfrica). Su padre, Arthur Reuel Tolkien, trabajaba para el Bank of Africa. A finales del siglo XIX, las explotaciones mineras en ese territorio prometían fáciles beneficios. Fueron muchos los que se animaron a invertir en negocios de oro y diamantes, y en los ferrocarriles. Arthur esperaba formar una familia con Mabel Suffield, su prometida, trece años más joven que él, y prosperar en aquellas tierras lejos del hogar, en Inglaterra.

La familia Tolkien fabricaba pianos desde el siglo XVIII, pero Arthur, el padre de nuestro protagonista, había decidido dedicarse a los negocios. Pidió a Mabel que se casara con él, y ella tuvo que viajar hasta Bloemfontein para unirse al hombre que amaba y comenzar una nueva vida. Se casaron el 16 de abril de 1891. Las cosas parecían marchar a la perfección. Al nacimiento de John Ronald siguió, en febrero de 1894, el del otro hijo de los Tolkien. Le dieron el nombre de Hilary Arthur. El negocio prosperaba, y Arthur pronto ascendió a cargos de mayor responsabilidad.

Pero el duro clima de Sudáfrica hacía daño a la salud del pequeño John Ronald. Mabel tampoco se sentía a gusto lejos de Inglaterra, rodeada por un paisaje casi desértico. Añoraba su Birmingham natal y, tras pensarlo mucho, ella y Arthur decidieron que lo mejor sería que Mabel volviese a Inglaterra con los dos niños. Arthur se les uniría tan pronto como arreglase los asuntos que hacían necesaria su presencia en Bloemfontein.

Así pues, a principios de abril de 1895, Mabel y sus dos hijos embarcaron en el S. S. Guelph rumbo a Southampton. Allí los esperaba su hermana Jane. Pasaron los meses y siempre había algo que retrasaba el viaje de Arthur a Inglaterra. En noviembre de ese mismo año llegó una noticia terrible: Arthur había contraído la fiebre reumática. Mabel pensó de inmediato en viajar de vuelta para cuidar ella misma de su marido. Tras la Navidad, pareció que Arthur estaba recuperado. Pero fue un espejismo: su enfermedad se agravó repentinamente y un telegrama llegó a manos de Mabel con la noticia fatal. Arthur había sufrido una seria hemorragia que derivó en peritonitis, y falleció el 15 de febrero de 1896, a más de nueve mil kilómetros de los que lo amaban. El único recuerdo claro que John Ronald guardó de su padre fue la figura de un hombre en cuclillas que escribía *A. R. Tolkien* en el baúl del equipaje. Tenía entonces 4 años.

A pesar del dolor de esa separación definitiva, Mabel no se desanimó y enseguida comenzó a buscar una casa en la que instalarse con sus hijos. Con los pocos recursos económicos de que disponía, tenía, además, la obligación de dar una educación a los dos pequeños. Quería que ingresaran en la King

Edward's School, el colegio más prestigioso de Birmingham. Pero el examen era difícil, y ella misma se encargó de la formación inicial de John Ronald y Hilary. Sabía latín, francés y alemán, tocaba el piano y poseía un acusado talento para la pintura. Pronto se dio cuenta de que el joven Ronald tenía una sensibilidad especial para los sonidos del lenguaje, y de que disfrutaba aprendiendo idiomas. Mabel se preocupó también de que los pequeños se esmerasen en la caligrafía; en especial, Ronald desarrolló diversos estilos de escritura muy elegantes y variados.

Los vínculos con los abuelos Tolkien no eran demasiado fuertes y, al poco tiempo, la familia materna ocupó en el corazón de los niños el lugar que la muerte temprana de su padre había dejado tristemente vacío. La familia de Mabel, los Suffield, procedían de las West Midlands inglesas, y John Ronald se sorprendió a sí mismo aprendiendo el dialecto de esa zona de Inglaterra. Le pareció que encontraba el hogar perdido, tras los primeros años de mudanzas, cambios y desarraigo. Sobre esto escribiría años después:

> «Aunque Tolkien de nombre, soy Suffield por mis gustos, aptitudes y educación. Y todos los rincones de Worcestershire (hermosos o sórdidos) son para mí, de una forma indefinible, mi casa, más que cualquier otra parte del mundo».

Años más tarde, Tolkien se inspiraría en el paisaje de esa zona de Inglaterra para crear su imaginaria Comarca, donde viven los hobbits. Bilbo, Frodo y sus amigos hablaban con el peculiar acento de esa zona, y tenían unas costumbres muy semejantes a las de los campesinos y habitantes del mundo rural inglés.

En el verano de 1896 la familia Tolkien se instaló en la aldea de Sarehole, a unos dos kilómetros al sur de Birmingham. Para los dos pequeños la vida en el campo fue un descubrimiento maravilloso. John Ronald llevaba a su hermano Hilary a ver el molino, donde un siniestro personaje (en realidad, el hijo del molinero) les asustaba con sus bruscos gritos. Le llamaron el «ogro blanco», porque sus ropas estaban siempre manchadas por el polvo blanquecino que expulsaban los huesos molidos para ser transformados en abono. La imaginación de John Ronald creó también un «ogro negro»: un granjero que los echaba de sus tierras por coger setas. Con el correr del tiempo, en *El Señor de los Anillos*, Tolkien inventaría un personaje, el granjero Maggot, que sería el encargado de azuzar a los perros cuando Frodo, Sam, Pippin y Merry entrasen en sus tierras a «tomar prestadas» unas cuantas setas...

La vida en Sarehole era perfecta. Mabel les enseñaba en casa, con una exigencia grande y maternal a la vez. El ánimo sensible de Ronald se iba modelando sobre la base firme del cariño de su madre. Su amor al medio rural se afianzó en esos años iniciales, tan decisivos, de la infancia. Aprendía con rapidez. Sus ganas de saber cosas nuevas lo llevaron incluso a la botánica, materia sobre la que Mabel conocía muchas cosas. Pero más que clasificar y aprender los nombres de flores y plantas, lo que encantaba a Ronald era estar con los árboles: trepar por ellos, sentarse y leer cuentos encaramado en las ramas más altas, hablarles. Los sentía como algo vivo; más tarde, en sus libros, dotaría a los árboles y bosques de vida y sentimientos a la vez antiguos y poderosos: el Bosque Negro, Bárbol, Ramaviva y los ents (o pastores de árboles), el Bosque Viejo...

Leía muchos libros. Le encantaban las historias de pieles rojas (ansiaba tener un arco con flechas), los libros de Curdie, el personaje creado por George MacDonald, las leyendas del rey Arturo; y no le gustaban demasiado las aventuras de *Alicia en el País de las Maravillas*, *La Isla del Tesoro* ni los *Cuentos* de Andersen. Lo que más le fascinó fue la serie de cuentos recopilados por Andrew Lang en forma de libros de colores. El *Red Fairy Book* era su preferido, porque contenía el relato de Sigurd y el dragón Fafnir: una historia situada en un tiempo remoto, en el brumoso norte de Europa. De hecho, a los 7 años Ronald escribió su primera historia, precisamente acerca de un dragón:

«No recuerdo nada de ella, excepto un detalle filológico. Mi madre no comentó nada del dragón, pero señaló que no se podía decir *un verde dragón grande*, sino *un gran dragón verde*. Me pregunté por qué, y todavía me lo pregunto. El hecho de que recuerde esto tal vez sea significativo, pues no creo que intentara volver a escribir un cuento durante mucho tiempo, y me concentré luego en el estudio del lenguaje».

Pasaban los meses y la familia conseguía vivir dignamente, aunque sin ningún lugar para lujos o caprichos. Mabel se ocupaba de que a sus hijos no les faltase lo necesario y, de hecho, los años en Sarehole fueron los más felices y provechosos de su vida, como el propio Tolkien señalaría mucho tiempo después. Solo había una cosa que le asustaba. Era un sueño que se repetía con frecuencia: una ola gigantesca avanzaba, arrasando a su paso cuanto encontraba. Hacia 1945, cuando la historia del Anillo Único estaba ya muy avanzada, Tolkien escribió un relato en el que la isla de Númenor se hundía a causa de un maremoto. Él lo llamaba «mi complejo de la Atlántida», y ese sueño que lo visitaba desapareció una vez escrito el cuento, que se tituló *La caída de Númenor*.

La conversión de Mabel al catolicismo

La religión ocupaba un lugar principal en la vida de Mabel. Pertenecía a una familia protestante; más concretamente, su padre era un activo metodista. Mabel iba todos los domingos con sus hijos a la iglesia anglicana local. Hasta que un día, Ronald y Hilary vieron cómo su madre tomaba un camino distinto del habitual, hacia otra iglesia: St. Anne, en la calle Alcester, cerca del centro de Birmingham. Era una iglesia católica. Durante el año 1900, Mabel y su hermana May Incledon recibieron la catequesis necesaria, y la propia Mabel comenzó a hacerse cargo de la educación religiosa de sus hijos.

Pero la furia de la familia cayó sobre ella. Ni los Suffield ni los Tolkien (estos pertenecían casi todos a la Iglesia baptista) aceptaron de buen grado la conversión al catolicismo de Mabel. Le retiraron el tan necesario apoyo económico y le dieron decididamente la espalda. Mabel afrontó con entereza y fe la nueva y triste situación, pero su frágil salud se resintió, pues debía esforzarse por sacar adelante a su familia ella sola.

Mientras tanto, en el otoño de 1899 llegó el momento de que Ronald se presentase al examen de ingreso en la King Edward's School. Era una prueba exigente y el pequeño no la superó. Pero un año más tarde sí lo consiguió. La King Edward's era un edificio impresionante, al estilo de Oxford, con elevadas agujas góticas y enormes y largos pasillos. Gracias a un tío de la rama Tolkien, Mabel pudo pagar la matrícula de su hijo. Pero el colegio estaba a casi seis kilómetros de Sarehole, y ella no tenía dinero para pagar los tranvías y trenes que su hijo debía tomar para llegar a tiempo a clase. De manera que, durante las primeras semanas, Ronald debía levantarse muy temprano y caminar hasta el colegio. Mabel decidió, con pena, poner fin a los años en Sarehole. Alquiló una casita más cerca del centro de la ciudad y, a finales de 1900, los tres se trasladaron.

A los ojos de Ronald, las aulas del nuevo colegio eran un escenario espectacular. Entre aquellos muros se formaban muchos chicos que luego conseguirían becas para estudiar en las mejores universidades de Inglaterra. Poco a poco, se fue acostumbrando a la nueva rutina y a sus nuevos compañeros. La vida era realmente distinta de la existencia tranquila que habían llevado en el campo: ruidos de trenes, bullicio callejero, ajetreo en la King Edward's. Poco después se mudaron de nuevo a una casa cercana a la estación de tren, King's Heath. Ronald y Hilary jugaban entre las vías del ferrocarril. Los extraños nombres escritos en los vagones captaron enseguida la atención de Ronald. No sabía lo que significaban, pero le encantaba el sonido de aquellas misteriosas palabras. Esos vagones procedían del País de Gales, al oeste de Inglaterra, y trajeron (junto con sus mercancías) el despertar de la inspiración lingüística para el joven Ronald. Había descubierto el galés, idioma que con el tiempo se convertiría en uno de sus favoritos. Sobre ese idioma inventaría el «sindarin», una de las lenguas que hablan los elfos de sus cuentos. *Blaen-Rhondda, tredegar* o *nantyglo* eran algunas de aquellas palabras, a la vez remotas y fascinantes.

A Mabel no le acababa de convencer la iglesia católica de St. Dunstan, cercana a la casa de King's Heath. Y, tras largas caminatas en busca de un lugar de culto más adecuado, encontró la iglesia del Oratorio, fundada por el beato John Henry Newman, converso al catolicismo. Fue un hombre de una cultura y santidad muy considerables, que ejerció una gran influencia en la vida intelectual y religiosa de Inglaterra. Muchos de los sacerdotes que atendían el Oratorio habían sido discípulos suyos, y el eco de la voz de Newman aún resonaba entre aquellas paredes. En el Oratorio Mabel encontró también a un sacerdote comprensivo y exigente a un tiempo: el padre Francis Xavier Morgan. Con el tiempo, se convertiría en una persona decisiva en la vida de John Ronald.

En 1902 la pobreza obligó a Mabel a sacar a Ronald de la King Edward's. Al lado de la iglesia del Oratorio había una escuela, dirigida por los propios sacerdotes. En ella, aunque el nivel académico no era muy alto, los niños recibían la educación religiosa que Mabel consideraba tan importante.

Francis Morgan era un hombre de gran corazón, con un ruidoso sentido del humor y muy amable. Su ascendencia era española, y había heredado viñedos en Jerez de la Frontera. Hablaba español perfectamente; en sus libros aprendería el joven Tolkien esa lengua, que nunca llegó a dominar, pero que le gustó casi tanto como el galés y el finés. Pronto los Tolkien se encariñaron con aquel sacerdote atento y de maneras rotundas.

Vivían en una casa apenas más grande que una chabola, al lado de la escuela. Rápidamente, en el nuevo colegio Ronald adelantó a sus compañeros y Mabel decidió volver a dar clase a su hijo ella misma. Ronald tenía 11 años. El éxito de esa decisión no se hizo esperar; el pequeño recibió una beca para reincorporarse a la King Edward's, donde regresó en el otoño de 1903.

Se le ubicó en la sexta clase, justo a mitad de camino. En ese momento, el joven Ronald comenzó a estudiar griego:

«La fluidez del griego, resaltada por la dureza y el brillo de su superficie, me cautivó. Pero parte de la atracción estaba en la antigüedad y en su carácter extraño y distante (para mí): estaba muy lejos del hogar».

Comenzaba a surgir en él la fascinación por el elemento evocador de las palabras, más allá de los significados inmediatos. El profesor a cargo de la clase era George Brewerton, un hombre de carácter fuerte y especializado en la enseñanza de la literatura inglesa. Llegó a enseñar a sus alumnos las bases del inglés medieval, y con él John Ronald dio otro paso adelante en su decisión de conocer a fondo la historia de su propia lengua.

Una pérdida inesperada

Llegó finalmente la Navidad de 1903 y Mabel escribió a su suegra una carta sincera y llena de encanto, poniendo a la abuela paterna de los niños al día de las peripecias familiares:

«Mi querida señora Tolkien:

Dice usted que le gustan los dibujos de los muchachos más que ningún otro regalo que ellos le puedan hacer; por eso le envían estos. Este año a Ronald le ha ido espléndidamente. [...] He encontrado un giro postal de dos libras y seis chelines que usted envió a los chicos hace algún tiempo, por lo menos un año, y que se había perdido. Han estado toda la tarde en el centro gastando eso y un poquito más en cosas que querían regalar. Han hecho todas mis compras de Navidad: Ronald es capaz de elegir un forro de seda del matiz exacto como un verdadero *modiste parisien*. ¿Estarán apareciendo sus antepasados pañeros o artistas? En la escuela avanza a ritmo muy rápido. Sabe mucho más griego que yo latín; dice que va a estudiar alemán conmigo en estas vacaciones, aunque por ahora yo en realidad prefiero estar en cama. Uno de los sacerdotes, joven y alegre, le está enseñando a jugar al ajedrez: dice que ha leído *demasiado*, todo lo que conviene a un chico que aún no tiene 15 años, y que él no conoce una sola obra clásica que pueda recomendarle. Ronald tomará en Navidad la primera comunión, de modo que este año tendremos una gran fiesta. No le digo esto para molestarla; solo porque ha dicho usted que desea saber todo acerca de ellos dos.

La quiere siempre,
Mab».

A comienzos de 1904, la salud de Mabel empeoró bruscamente. Tenía diabetes y en abril tuvo que ingresar en el hospital. Hilary fue enviado a la casa de sus abuelos maternos, mientras que Ronald se fue a vivir con tía Jane. No existía el tratamiento de la diabetes con insulina y los médicos estaban preocupados. Pero al llegar el verano, Mabel se encontraba mejor. El padre Francis buscó un lugar perfecto para que ella y los niños descansaran durante las vacaciones: una casa de campo en Rednal, una aldea de Worcestershire cercana a Birmingham.

Fue como volver al maravilloso pasado en Sarehole. Paseaban hasta la cumbre de la colina de Lickey, jugaban con el padre Francis y su perro, lord Roberts; salían con él a remontar el río montados en barriles, dibujaban, trepaban a los árboles; jamás habían disfrutado tanto de unas vacaciones. El padre Francis fumaba en una pipa de madera de cerezo. Años más tarde, Bilbo Bolsón y otros personajes de los libros de Tolkien heredarían esa afición al tabaco de pipa, y pasarían por aventuras parecidas, entre árboles poco amistosos y toneles de contrabando que flotaban en el río...

Llegó septiembre y, con él, la vuelta a clase. Pero se estaba tan bien en Rednal, que Mabel tomó la decisión de quedarse un tiempo más en aquella casita. John Ronald se levantaba temprano, caminaba dos kilómetros hasta la estación y tomaba el tren que lo llevaba a King Edward's. A veces, volvía cuando ya estaba muy oscuro, y Hilary iba a recibirlo con un farol encendido. Algo semejante sucede en una escena de *El Señor de los Anillos*, cuando Merry aparece entre las brumas en el momento en que los hobbits van a abandonar la Comarca, protegidos por el granjero Maggot (y, como hobbit hospitalario que era, con su cesta de setas y su excelente queso).

Pero la salud de Mabel se quebró justamente entonces. A comienzos de noviembre tuvo una recaída grave, que presagiaba lo peor. Entró en coma y falleció el 14 de ese mes, con su hermana May Incledon y el padre Francis junto a su lecho. Ronald tenía 12 años y Hilary 10. Habían quedado huérfanos. Era la segunda de una larga serie de separaciones definitivas que afectarían profundamente el alma sensible y delicada de John Ronald.

Lúthien Tinúviel... y tres es compañía
(1904-1911)

¿Solo en la Tierra Media?

John Ronald Tolkien era apenas un adolescente cuando falleció su madre. Su recuerdo y ejemplo dejaron una impresión imborrable en su alma. Años más tarde, cuando ya tenía 21, Ronald escribiría estas palabras, recordando la callada heroicidad de su madre en los duros años de la infancia:

> «Mi querida madre fue en verdad una mártir, y no a todos concede Dios un camino tan sencillo hacia sus grandes dones como nos otorgó a Hilary y a mí, al darnos una madre que se mató de trabajo y preocupación para asegurar que conserváramos la fe».

Para John Ronald la firmeza y coherencia de vida que siempre había mostrado su madre fueron un ejemplo a seguir, años más tarde, como padre y esposo. Por lo pronto, la temprana muerte de su querido padre, y ahora la de su madre, habían convertido a Ronald en un muchacho realista. Sensible como era a lo que sucedía a su alrededor, la certeza de que en esta vida todo es pasajero (lo mismo la belleza que la fortuna, la alegría que la pena), se afianzó pronto en su despierta inteligencia; pero, sobre todo, en su corazón. Tomó conciencia de que ninguna batalla se gana de forma definitiva. La lucha nunca termina y, aunque las guerras no las gane nadie, «la guerra continúa siempre y de nada vale desfallecer», dejaría escrito años más tarde. A pesar del profundo dolor, de la pérdida irreparable, había que seguir adelante. Como dice Elrond, rey de los elfos que habitan Rivendel, durante el Concilio en que se decide el destino del Anillo Único:

«He asistido a tres épocas en el mundo del Occidente,
y a muchas derrotas, y a muchas estériles victorias».

Ese sería el hilo conductor de *El Silmarillion* y *El Señor de los Anillos*, mucho tiempo después: seguir adelante cuando toda esperanza parece haberse desvanecido.

El joven Ronald empezaba a esculpir, golpe a golpe, su fuerte personalidad. Era jovial y alegre por naturaleza; incluso «explosivo». Le encantaba el aire libre, reír y compartir su tiempo y energías con su hermano y con sus amigos. Pero era también un chico reflexivo, con tendencia a considerar las cosas en su interior. Pronto hizo buenos amigos, una característica de su carácter que se mantendría durante el resto de su vida. Tras la muerte de su madre comenzó a llevar, de manera más o menos regular, un diario en el que escribía su visión de la vida y los sucesos cotidianos.

Mabel fue enterrada en el cementerio de Bromsgrove. En su testamento encomendaba al padre Francis la custodia y educación de sus hijos. Y la decisión fue, por cierto, muy acertada. El sacerdote se preocupó realmente como un verdadero padre del bienestar de los dos hermanos. A la renta que Mabel había dejado, añadió de su propio dinero (el que provenía de sus viñedos) la cantidad necesaria para mantenerlos y pagar sus estudios. El primer asunto que debía resolver era encontrar un nuevo hogar para Ronald y Hilary. Tras considerar bien las circunstancias, para obrar de la manera más acorde a lo que había sido la última voluntad de Mabel, se decidió por enviarlos a vivir con Beatrice Suffield. Era tía política de los chavales y no pondría obstáculos a la educación católica que ellos seguían recibiendo.

Pero la tía Beatrice no supo encontrar el modo de curar la profunda herida que la muerte de Mabel había dejado en los chicos. Incluso quemó las cartas y papeles de su madre que Ronald guardaba, sin pensar siquiera que ellos querrían conservarlos. La vida en su nueva casa se le hacía insoportable a Ronald, y el padre Francis pronto se dio cuenta de ello. Como la casa estaba muy cerca del Oratorio, Ronald y Hilary ayudaban por la mañana al padre Francis a celebrar la misa y desayunaban luego en el refectorio. De ahí salían disparados a la King Edward's School, en la que ahora también estudiaba Hilary, tras superar el examen de ingreso.

Un compañero de clase se convirtió muy pronto en el mejor amigo de Ronald. Se llamaba Christopher Wiseman, y también tenía un carácter firme y enérgico. Era de religión metodista, pero ambos comprobaron que podían hablar de Dios sin necesidad de discutir y, mucho menos, de que esas conversaciones enfriasen, siquiera de lejos, su amistad. Y, además, ambos compartían su pasión por el deporte de la escuela, del que eran feroces practicantes: el *rugby* (en la King Edward's nunca se jugó a fútbol). También compartían un gusto profundo por el latín y el griego, y los dos ocupaban siempre el primer y segundo puesto en las notas de clase.

Bajo la supervisión de otro de sus grandes profesores, Robert Cary Gilson, Ronald comenzó a estudiar lingüística. Una cosa era saber latín, griego o alemán, y otra muy distinta, saber por qué eran así: cómo habían llegado a ser lo que eran estas lenguas. Con la ayuda de R. C. Gilson, Ronald comenzó a estudiar filología: la ciencia de las palabras. Fue entonces cuando se topó con el anglosajón, la lengua que se hablaba en Inglaterra antes de la invasión normanda, procedente de Francia, en 1066 (batalla de Hastings).

Ronald quedó deslumbrado por la sonoridad y cadencia de las palabras, que le recordaban remotamente a la lengua que él mismo hablaba. Con un libro que le dejó su profesor George Brewerton, comenzó a traducir, lenta pero tenazmente, los textos del inglés más antiguo. De todos modos, no le atraía tanto como el galés, desde el punto de vista del sonido. Pronto estuvo en condiciones de leer en el idioma original el gran poema heroico de la literatura inglesa: *Beowulf*, una obra de más de tres mil cien versos, compleja y profundamente atractiva, equivalente al *Cantar de Mio Cid* en español o a la *Chanson de Roland* en francés.

Como le había ocurrido con la historia de Sigurd y el dragón Fafnir, las aventuras de Beowulf y su lucha contra el monstruo Grendel captaron su interés y despertaron su imaginación para crear él mismo sus propias historias. La semilla de la creación literaria estaba sembrada. El campo abonado en el que germinaría y crecería la Tierra Media y todas sus historias, era la sensibilidad que Ronald sentía por el lenguaje: su amor a las palabras más arcaicas y míticas.

Al inglés antiguo siguió el estudio del inglés medieval. Gilson era un hombre polifacético, muy inteligente, que animaba a sus alumnos a investigar todo lo que encontrasen en su camino. Fomentaba la inquietud de sus alumnos por el saber, sin atender a divisiones simplistas y falsas entre materias «científicas» y «humanísticas». Ronald era inquieto intelectualmente: quería, sobre todo, saber, y no distinguía en esta época (como fuentes de conocimiento), entre las matemáticas y el inglés medieval en que estaba escrito otro de sus poemas favoritos, *Sir Gawain and the Green Knight*. Era este un poema inspirado en los hechos de un caballero de la Tabla Redonda, y le fascinó su lenguaje y la musicalidad de los versos. Luego leyó *Pearl*, y se adentró con paso vacilante en el noruego antiguo. Poseía ya unos conocimientos lingüísticos muy elevados para la edad que tenía.

Pasaba horas en la biblioteca de la escuela, traduciendo y leyendo esas obras, y con sus ahorros compró unos libros de filología, en alemán. Avanzaba por sus páginas con dificultad, pero estaba cerrando el círculo sobre su propio futuro: sería filólogo.

Fue entonces cuando comenzó a inventar sus propios idiomas. Es algo que hacen muchos niños: crear idiomas secretos en los que intercambian sus importantes «informaciones». Ronald ya había creado, con sus primas Mary y

Marjorie Incledon, el «animálico», construido con nombres de animales a los que se daba un significado concreto. Por ejemplo, *dog nightingale woodpecker forty*[1] quería decir 'eres un burro'. Luego vino el «nevbosh», en el que llegó a escribir versos disparatados, y que era una mezcla de latín, francés e inglés[2]. El tono divertido de los poemas en esa lengua inventada se mantuvo en la poesía posterior de Tolkien. Algunos ejemplos de ese sentido del humor aparecen en las canciones que entonan los hobbits al principio de *El Señor de los Anillos*, o en las canciones de Tom Bombadil en los capítulos 6, 7 y 8 de este mismo libro.

Tras el «nevbosh» le llegó el turno a un idioma más complejo. Como no sabía aún suficiente galés, John Ronald se inspiró en el español para desarrollar el «naffarin», con su especial sistema de sonidos e incluso una sintaxis propia. Le dedicaba muchas horas... hasta que apareció una lengua que le cautivó más todavía: el gótico. Un amigo le vendió un viejo libro, titulado *Primer of the Gothic Language*, y al abrirlo Ronald sintió...

«... una sensación de deleite tan completa, por lo menos, como cuando leí por primera vez el *Homero* de Chapman».

---

1. Literalmente, 'perro ruiseñor pájaro carpintero cuarenta'. Existen pocos datos para explicar de manera adecuada cómo estaba organizado el sistema de equivalencias de significados en el «animálico», pues muy pronto Ronald pasó a emplear lenguajes inventados más complejos.

2. Un ejemplo de «nevbosh» son estos versos: «Dar fys ma vel gom co palt 'Hoc / Pys go iskili far maino woc?». La traducción aproximada sería: «Había una vez un anciano que dijo: ¿Cómo podría transportar mi vaca?».

Apenas se habían conservado ochocientas palabras de esa lengua, que dejó de hablarse en Europa con la declinación de los pueblos godos, hacia finales del siglo IX. Así que Ronald decidió «reconstruir» el idioma, imaginando de manera coherente cómo habrían sido las palabras en gótico y remontándose hacia atrás en el tiempo. Llegó incluso a escribir poemas en ese idioma perdido. Christopher Wiseman compartió enseguida su entusiasmo, ya que él mismo estudiaba por entonces los jeroglíficos egipcios. La mente de Ronald se fue acostumbrando, poco a poco, a trabajar como la de un historiador y filólogo.

Beren y Lúthien Tinúviel

Cuando llegaban las vacaciones de verano, el padre Francis Morgan llevaba a Ronald y Hilary a Lyme Regis. Ronald paseaba por la playa y dibujaba. Le encantó ese lugar, que visitaría con su propia familia años más tarde. Como hombre sensible que era, el padre Francis escuchaba a los dos hermanos y, al darse cuenta de que no eran felices en su hogar provisional, decidió poner fin a los días de vida infeliz en casa de la tía Beatrice. A la vuelta, ya en Birmingham, buscó un nuevo alojamiento y trasladó a los chicos a unas habitaciones que alquilaba la señora Faulkner, muy cerca del Oratorio, en el número 37 de Duchess Road. Estaba comenzando el año 1908.

La habitación de Ronald y Hilary estaba en la segunda planta, y justamente debajo vivía una chica muy guapa y menuda, de ojos grises y cabello recogido. Se llamaba

Edith Mary Bratt. Era huérfana, como ellos, y pronto se hicieron amigos. Edith tocaba muy bien el piano, y solía animar las reuniones en casa de la señora Faulkner interpretando melodías conocidas. Pero apenas podía ensayar, porque a la dueña de la casa no le agradaba el sonido de las escalas. Así que Edith debía renunciar a tocar y se marchaba resignada a su cuarto, para continuar con la máquina de coser. La llegada de los Tolkien animó su vida, y los tres hicieron frente común contra la «Vieja», como llamaban a la dueña de la casa.

En esa existencia sencilla y no muy feliz (aparentemente), la amistad entre estas dos almas semejantes se convirtió poco a poco en un enamoramiento. Fue el primer y único amor en la vida de Tolkien. Edith era tres años mayor que Ronald (que en ese momento tenía 16), pero la madurez de este suplía la diferencia de edad. Se conocieron mejor durante todo aquel curso y en el verano de 1909 se declararon su amor. Comenzaron a frecuentar los salones de té de la ciudad. Arrojaban terrones de azúcar a los sombreros de las señoras que pasaban bajo la terraza del primer piso de los locales, e inventaron un silbido secreto para comunicarse. Muchos años más tarde, en una carta a su mujer, Ronald recordaba:

«Mi primer beso, y la primera vez que me besaste tú (de forma casi accidental), y cómo nos dábamos las buenas noches y tú a veces llevabas tu camisón blanco, tan pequeño, y nuestras conversaciones de ventana a ventana, absurdamente largas; y cómo mirábamos subir el sol sobre la ciudad a través de la niebla y el Big Ben

que daba las horas una tras otra, y las polillas que casi
te espantaban, y nuestro silbido, y nuestros paseos en
bicicleta y nuestras conversaciones como fuegos artificiales, y esos tres grandes besos».

La cabeza de Ronald se dividía entre Edith y la invención de idiomas, así que no se concentraba demasiado a
fondo en los estudios. Vivía un poco «de las rentas». Se
apuntó a la Sociedad de Debate de la escuela, y ya comenzó a mostrar sus dificultades con la pronunciación: tenía
demasiadas cosas que decir y las palabras se agolpaban en
sus labios. Se hacía complicado entenderlo y seguir el hilo
de lo que decía. Pero cuando quería, era capaz de declamar
con voz profunda y bien modulada. También jugaba al
rugby, aunque era un muchacho delgado y fibroso, nada
corpulento. Sobre la inspiración que animaba su corazón
juvenil, escribió:

«Por tener una formación romántica, convertí una relación con una chica en un asunto serio y en la fuente
de mi esfuerzo».

Pero algo salió mal. Se los vio juntos una tarde, en
otoño de 1909, cuando habían salido a pasear en bicicleta hacia Lickeys. El rumor llegó a oídos del padre Francis.
Ronald era aún menor de edad, pues tenía 18 años, y no
sería independiente hasta que cumpliese los 21. Le debía
lealtad al sacerdote que había sido, después de todo, un
padre para él y Hilary. Llevado de su afecto y obediencia,
Ronald aceptó la prohibición de no volver a encontrarse con

Edith hasta que, al cabo de tres años, dejase de depender legal y económicamente del padre Francis.

Se suponía que Ronald debía concentrarse a fondo en sus estudios, porque su futuro dependía de que consiguiese una beca para ir a Oxford. Y eso significaba una cosa: buenas notas. El padre Francis, preocupado por la distracción que un enamoramiento podía causar en el ánimo del joven, le advirtió severamente y tan solo le permitió un último encuentro con Edith: el de la despedida. Ronald pasó unos días terribles. El 1 de enero de 1910, escribió: «Como siempre, deprimido y en la tiniebla. Que Dios me ayude. Me siento débil y agotado». Además, había suspendido el examen de acceso a la universidad. Aunque la competencia para aprobar era muy dura, se esperaba que un chico del talento de Ronald obtuviese una buena calificación. Desanimado, volvió a casa, pensando que nunca más volvería a ver los majestuosos edificios de la ciudad universitaria de Oxford.

Edith se marcharía a vivir con un matrimonio amigo, en Cheltenham. De nuevo se los vio juntos a Ronald y a ella, y esta vez el padre Francis fue explícito: Ronald debía cortar esa relación. Dividido entre la lealtad y el amor, el joven desobedeció. El 16 de febrero escribió:

«Anoche recé suplicando ver a E. por casualidad. Plegaria respondida. La vi a las 12:55 en el Príncipe de Gales. Le dije que no podía escribirle y arreglamos encontrarnos dentro de dos jueves, para la despedida. Me siento mejor, pero querría tanto verla una vez más para darle ánimos... No puedo pensar en otra cosa».

Con la prohibición, el padre Francis estaba convirtiendo (sin darse cuenta) el amor de Ronald y Edith en algo inmortal. Nada podría haber fortalecido tanto una relación de verdadero amor entre dos personas tan apasionadas, especialmente en el caso de Ronald. Pasaron unos días. El 21 de febrero, Ronald anotó: «Vi una figura pequeña y triste chapoteando con un impermeable y un sombrerito de *tweed* y no pude resistirme a cruzar y decirle una palabra de amor y aliento. Durante un rato esto me animó. Recé y pensé mucho». Una nueva y tajante prohibición del padre Francis llevó a Ronald al borde de la desesperación. El 2 de marzo, Edith marchó a su nuevo hogar en Cheltenham, y Ronald la buscó entre el gentío que se agolpaba en la estación de trenes; allí se despidió de ella... hasta dentro de tres años.

Un tiempo después, Ronald Tolkien escribiría la *Gesta de Beren* y *Lúthien Tinúviel*, o *Lay de Leithian*. En esa historia, profundamente romántica y grandiosa, la dama élfica Lúthien renunciaba a su inmortalidad para poder casarse y compartir el triste destino de su amado, Beren, que era un hombre mortal. Juntos llevaban a cabo un viaje al corazón mismo de la oscuridad: arrancaban una joya de la corona del Señor Oscuro, Morgoth, y debían hacer frente a terribles peligros. Esa historia, de la que Tolkien llegaría a escribir hasta ocho versiones distintas, en verso y prosa, encerraba el núcleo del amor tal y como Ronald lo concebía. Se trataba de mucho más que de un sentimiento: era amor verdadero, y perduraría, por eso, «más allá de las fronteras de este mundo».

La TCBS: tres es compañía

Separado de Edith, Ronald se concentró en sus estudios. Todavía asistía a clases en la King Edward's, y en 1911 estaba al frente de la biblioteca de la escuela, junto a Christopher Wiseman y R. Q. Gilson (el hijo de aquel profesor tan exigente como extraordinario). Ellos formaron el embrión de una especie de «club de los poetas muertos»[3]. Leían sus propias creaciones, compartían sus aficiones e inquietudes artísticas y discutían amablemente sobre las cuestiones más variadas. Comenzaron llamándose «Tea Club», porque se reunían para tomar el té y fumar en pipa, lejos de toda formalidad. Más tarde cambiaron de lugar, y las reuniones se celebraban en Barrow's Stores. De las cuatro iniciales de esas palabras resultó el nombre del grupo: la TCBS (*Tea Club and Barrovian Society*). Sería el primero de los grupos de ilustres intelectuales que se formaron alrededor de Tolkien a lo largo de su vida. Llegaría a convertirse en algo necesario para él: compartir sus inquietudes y sabiduría con otras almas afines a la suya.

El núcleo de la TCBS estaba formado por Ronald, Wiseman y R. Q. Gilson. Cada uno tenía sus propias afi-

---

3. *El club de los poetas muertos* (1989) es una película de Peter Weir, protagonizada por Robin Williams, Robert Sean Leonard y Ethan Hawke. Narra el impacto que provoca en un grupo de estudiantes adolescentes, de un rígido internado para hijos de familias ricas, la llegada de un profesor de literatura, librepensador y de talante romántico, admirador de los trascendentalistas norteamericanos: Walt Whitman, H. D. Thoreau y otros escritores románticos de finales del siglo XIX. Sus enseñanzas, poco convencionales, y el entusiasmo por la vida que les intenta transmitir, serán la inspiración que cambiará para siempre sus existencias.

ciones. Ronald era especialista en lenguas germánicas y filología, y por entonces centraba su atención en la literatura del norte de Europa. Pero los tres compartían el interés por la literatura de Grecia y Roma. Su amistad, como todas las amistades, se apoyaba sobre los puntos comunes, no sobre la identidad de opiniones en todo.

Ronald era ya, por entonces, un auténtico erudito en materia de mitología nórdica. Leía en voz alta a sus amigos fragmentos de las sagas escandinavas, de *Beowulf* y de *Sir Gawain and the Green Knight*.

Más tarde, una cuarta persona se unió al grupo. Se llamaba Geoffrey Bache Smith. Era el más joven de los cuatro y un poeta notable (lo cual agradó mucho a Ronald, además de proceder de las West Midlands). Ronald había comenzado a escribir poesía tiempo antes. No eran poemas demasiado buenos, y trataban casi siempre sobre hadas, elfos y otras criaturas fantásticas. Pero les faltaba la fuerza y coherencia que, con el tiempo, conseguiría Tolkien al crear el conjunto de leyendas que diese sentido a toda su mitología de la Tierra Media.

Se acercaba la hora de presentarse otra vez al examen para obtener la beca en Oxford. Ronald estudió de firme, aunque también entrenaba muchas horas, jugando al *rugby* en el embarrado campo de la escuela. Seguía dedicando tiempo a inventar idiomas y a estudiar los «auténticos». Pronunció un discurso en latín ante la Sociedad de Debates, pero como era algo demasiado fácil para él, decidió adoptar el papel de un embajador griego ante el Senado romano. Llegó a interpretar a un emisario de los bárbaros, hablando en gótico, e incluso en anglosajón ante un grupo de oyentes asombrados.

El 17 de diciembre de 1910 supo que le habían concedido una beca para Exeter College. No era demasiado elevada (sesenta libras anuales), pero junto a una beca de la King Edward's y la ayuda del padre Francis (que seguía cuidando de su protegido con una lealtad a prueba de bomba), Ronald podía estar tranquilo respecto al futuro inmediato.

Por esa época descubrió el *Kalevala* finés, o conjunto de historias y mitos de los héroes de Finlandia, recopilados por Elias Lönnrot. En las vacaciones de verano de 1911 viajó a Suiza con su hermano Hilary y unas cuantas personas más. Durante una ascensión hasta el glaciar de Aletsch, la cordada estuvo a punto de caer al vacío a causa de una avalancha de piedras, desprendidas por el calor del sol veraniego. Una roca enorme pasó entre Ronald y una maestra que lo precedía, y a duras penas consiguieron volver sanos y salvos al campamento base. Quizá sobre ese recuerdo elaboraría el viaje de la Comunidad del Anillo por el monte Caradhras, cuando una tempestad de nieve obliga a Gandalf, Aragorn y los demás a tomar el camino de Moria para atravesar las Montañas Nubladas.

Antes de volver a Inglaterra, compró una postal que representaba al espíritu de la montaña (*Der Berggeist*), un anciano de blanca y larga barba, que observa sentado bajo un árbol a un simpático fauno. Guardó la postal y, muchos años después, escribió en el sobre: «Origen de Gandalf».

A mediados de octubre de 1911, su profesor R. W. Reynolds lo llevó a Oxford en su coche para comenzar su aventura universitaria en la legendaria ciudad de pináculos góticos y verdes campos donde Tolkien pasaría (aunque no lo imaginaba) casi el resto de su vida.

Las ciénagas de los muertos
(1911-1918)

La vida en Oxford y una fiesta de cumpleaños muy esperada

Exeter College no era el más elegante, ni mucho menos el más hermoso de los edificios de Oxford. Pero sería el hogar de Ronald durante sus años universitarios, y el joven quedó impresionado desde el principio por la grandiosidad del lugar. Su nombre estaba escrito en una pequeña tabla a la entrada de su habitación, y disponía de un criado o *scout*, que le servía el desayuno y le ayudaba en todo lo que no estaba relacionado con el estudio.

La vida en la universidad era cara. Ronald debía medir muy bien sus recursos, porque las costumbres y tradiciones de Oxford podían jugarle una mala pasada cuando, cada sábado, llegaba la cuenta con los gastos semanales. Se suponía que debía devolver las invitaciones de que era objeto por parte de sus compañeros de *college*. Para Ronald «la cuestión del dinero no era muy agradable».

Se apuntó al equipo de *rugby* de Exeter, pero aquí el nivel era más elevado, y no llegó a destacar a pesar del empeño con que se empleaba en el campo de juego. También se hizo socio del Club de Ensayos y de la Sociedad Dialéctica de la universidad. Creó su propio club de debates, que se llamó *Apolausticks* (una mezcla de latín, griego e inglés que significaba algo así como 'los devotos de la autoindulgencia').

El sistema de enseñanza inglés era muy distinto del que se emplea, incluso ahora, en otros países. Allí la formación académica era más personal. Cada alumno debía leer un buen montón de libros, sobre los que luego tenía que escribir ensayos originales a partir de sus propias investigaciones, supervisadas por un tutor. Los tutores solían ser gente de profunda preparación intelectual, que «desafiaban» a sus alumnos obligándolos a pensar y a someter sus propias ideas a un examen profundo. La preparación que los estudiantes recibían para hablar bien tenía efectos beneficiosos: eliminaba el «miedo escénico» (a hablar en público) y ayudaba a desarrollar el espíritu crítico sobre las opiniones propias y ajenas. Escritores como G. K. Chesterton, C. S. Lewis (del que volveremos a hablar, pues se convertiría en el mejor amigo de John Ronald) y T. S. Eliot, por citar tres nombres ilustres, se formaron según este eficaz modelo educativo. Todos ellos manejaban sus argumentos con destreza, respetando siempre (y eso es la tolerancia verdadera) los puntos de vista contrarios.

Poco a poco fue surgiendo la faceta jocosa y desenfadada del carácter de Ronald. Participaba en las simpáticas gamberradas y fiestas del *college*, y, como por su forma de ser era un líder, pronto se encontró guiando a sus amigos hacia audaces y divertidas aventuras por las calles de Oxford (donde, afortunadamente, no le sancionaron ni recibió castigos por mala conducta).

Para entonces a Ronald ya no le gustaban tanto los autores latinos y griegos, y se decantaba mucho más por la literatura germánica. En aquel momento apareció un profesor que fue clave para el desarrollo del talento filológico y creativo de Tolkien. Se llamaba Joe Wright, procedía de Yorkshire y enseñaba Filología Comparada.

Este hombre era admirable. Había aprendido a leer por su cuenta, porque de pequeño trabajaba como cardador de lana y no le quedaba tiempo para asistir a la escuela. De modo que a los 15 años aprendió, él solo, el alfabeto; viendo que eso era muy fácil, comenzó a asistir a una escuela nocturna para estudiar francés y alemán. Aprendió latín y matemáticas, y estudiaba hasta las dos de la madrugada sin ningún profesor que lo ayudase. Se levantaba a las cinco para ir a trabajar. A los 18 años organizó una escuela nocturna en su habitación, cobrando dos peniques semanales a sus compañeros de trabajo. Cuando llegó a los 21, reunió sus ahorros y se marchó a Alemania para estudiar en la universidad de Heidelberg. Allí se interesó por la Filología. Estudió sánscrito, gótico, búlgaro antiguo, lituano, ruso, noruego antiguo, sajón antiguo, alemán antiguo y medieval, y anglosajón; finalmente, obtuvo el grado académico de doctor. Al volver a Inglaterra fue contratado como profesor adjunto de Filología Comparada en Oxford.

En 1912, Ronald se presentó ante Joe Wright, que contagió al joven su entusiasmo por el saber y la ciencia de las palabras. Era un profesor exigente y detallista (rasgos que heredaría Tolkien), justamente lo que entonces necesitaba

Ronald: un desafío, alguien que lo retara intelectualmente, sacando lo mejor de él. Joe Wright le mostró el largo camino que le quedaba por recorrer hasta dominar los principios del lenguaje.

Como a Ronald le gustaba el galés, le aconsejó que siguiera por ese camino, pero que no descuidase el celta. Refiriéndose a esa lengua le dijo, con su peculiar acento de Yorkshire: «Ahí hay dinero, muchacho». En el galés medieval Ronald encontró la belleza que buscaba en los idiomas. Siguió cultivando su afición por el dibujo y la pintura, y poco a poco se reveló como un gran pintor de paisajes. Su caligrafía seguía siendo delicada y hermosa, con diversos estilos que se apoyaban en el uso de plumines biselados para obtener trazos esbeltos y firmes. Escribió muchas páginas de sus lenguas inventadas, en especial, las de los elfos (el quenya y el sindarin) con ese tipo de cálamos. Más tarde, todos sus libros comenzarían con una versión a mano en esa elegante escritura, de la que luego él mismo escribía una o dos copias, tecleando pacientemente en su antigua máquina Hammond.

En la Navidad de 1911 volvió a visitar a sus amigos de la TCBS y participó con ellos en una obra de teatro. Interpretó el cómico papel de la señora Malaprop, con gran éxito. Para entonces, G. B. Smith era ya un miembro de pleno derecho en ese club informal, pero activo. Efectivamente, tres era compañía de sobra para seguir disfrutando de la amistad y los intereses comunes.

En 1912 se alistó en un regimiento de caballería que realizaba sus maniobras en las llanuras de Kent. Ronald montaba a caballo; quizá inspirándose en esos paisajes, creó las imaginarias llanuras en las que cabalgan sus Rohi-rrim, los jinetes de la marca de Rohan, en *El Señor de los Ani-llos*. Pasó las vacaciones del verano de ese año recorriendo Berkshire, dibujando y haciendo excursiones por las montañas de la zona.

En esos años había descuidado un tanto su vida religiosa. Acudía pocas veces a misa y apenas rezaba. Además, se había vuelto un tanto perezoso. Le gustaba quedarse levantado hasta muy tarde, hablando con sus amigos, fumando en pipa y leyendo. Eso implicaba levantarse tarde, y el círculo se cerraba. Comenzó a llevar un diario para Edith, pendiente aún de reanudar su noviazgo en cuanto cumpliese los 21. Seguía fiel a la promesa que le había hecho al padre Francis de no escribir ni ver a su prometida durante tres interminables años.

Avanzó en el dominio del finés y pudo leer con mucho esfuerzo, verso a verso, el *Kalevala*. Sobre el finés elaboró el quenya y empezó a dedicar mucho tiempo a sus lenguajes inventados. Así pasó el resto del curso, entre ensayos, lenguas y tibio estudio. Se acercaba su mayoría de edad, que se cumpliría durante la Navidad. Y cuando el reloj dio las doce de la noche, y comenzó el 3 de enero de 1913, escribió una carta a Edith que terminaba así:

«¿Cuánto tiempo pasará antes de que podamos unirnos otra vez, ante Dios y el mundo?».

La respuesta de ella fue desalentadora. Creyendo que Ronald la habría olvidado y que rompería su promesa, se comprometió con otro chico. Pero eso no disminuyó el ímpetu y el amor verdadero que el joven Tolkien sentía por su querida Edith. Ella había sido su inspiración durante esos tres años. Había renunciado a todo por mantener intacta la promesa de un amor juvenil. Esa prueba de fuego había madurado su cariño, transformándolo en verdadero amor. Así que tomó el tren hacia Cheltenham el día 8 de enero. Edith aguardaba en la estación: la misma figura menuda de antaño, tan querida y anhelada. Tras pasar una tarde juntos por el campo, la joven decidió romper su compromiso y volver junto a Ronald. Este no cabía en sí de alegría, y volvió a Oxford con «una explosiva felicidad».

Escribió al padre Francis comunicándole que pensaba casarse con Edith. La respuesta no fue todo lo cálida que Ronald esperaba, pero no por eso alejaría de su corazón el profundo agradecimiento y amor que sentía por el sacerdote que tanto los había ayudado a él y a Hilary (que por entonces había dejado los estudios y vivía en una granja, dedicado a la agricultura y la ganadería).

Se acercaba el momento de aprobar el primero de sus dos exámenes en Clásicas, llamado en Oxford *Honour Moderations*. La calificación oscilaba desde un «primera» a un «cuarta clase». Ronald obtuvo honores de segunda clase, lo cual era un tanto frustrante. Pero logró un alfa puro (una especie de matrícula de honor) en su asignatura favorita, Filología Comparada. Los directores de Exeter se dieron cuenta de las aptitudes del joven para esa materia y decidieron que se dedicase a la Filología. En 1913 abandonó el latín y el griego, y comenzó a estudiar en la Escuela de Inglés.

Su tutor fue Kenneth Sisam, un neozelandés por el que muy pronto Ronald sintió simpatía, admiración y afecto. Era muy trabajador, aunque no tan brillante como Joe Wright. Bajo su supervisión, Tolkien comenzó a estudiar a fondo las lenguas que ya conocía, y eligió como optativa el noruego antiguo. El nivel de la Oxford English School era muy elevado, y Ronald comprobó enseguida que debía hincar los codos si quería estar a la altura. Lo hizo, y pronto avanzó con paso firme por el programa, interesándose a fondo por el dialecto que hablaron los antepasados de su madre —los habitantes de las West Midlands inglesas— durante la Edad Media. También profundizó en el estudio del anglosajón, idioma del que es aún hoy una de las mayores autoridades. Sus investigaciones en ese campo siguen siendo referentes obligados en las universidades de todo el mundo.

Leyó las sagas noruegas, la *Edda Mayor* o poética, y la *Edda Menor*, escrita en prosa. Eran la fuente de la mitología islandesa. El poema que más le entusiasmó fue el *Völuspá*, que narra la creación del cosmos y predice su destino. Cuando, pocos años más tarde, comenzó a escribir *El Libro de los Cuentos Perdidos* (que se convertiría, con el tiempo, en *El Silmarillion*), se inspiró en ese poema para componer el *Ainulindalë*, el canto de los Ainur que ayudaron a Eru-Ilúvatar a crear la tierra, que Tolkien llamó *Arda* en su mitología.

Los años de separación habían distanciado a Ronald y Edith. Ella era una devota anglicana, y eso representaba un obstáculo de cara al matrimonio. Hablaban con frecuencia creciente sobre la conversión de ella al catolicismo. Para Ronald, la Reforma protestante había derivado en una forma ridícula de religión, y no veía ningún sentido en la permanencia de Edith en esa Iglesia. Pero la conversión en la fe no es un camino solo intelectual. Había que ir poco a poco, y Ronald mostró quizá poco tacto y paciencia en un tema tan delicado, que él consideraba urgente y de la mayor importancia.

Por otra parte, la diferencia de edad era ahora más evidente, y sus consecuencias, más graves que cuando se conocieron. También el entorno en que habían madurado los dos era profundamente distinto. Debían reconstruir su amor a partir de otras raíces, más profundas, más reales y menos idealizadas (especialmente en el caso de Ronald).

Edith aceptó finalmente ser recibida en la Iglesia católica. Como había ocurrido con la madre de Tolkien, Mabel, la conversión le acarreó disgustos e incomprensiones. La más inmediata fue la expulsión de su casa en Cheltenham. Hubo que buscar otro lugar donde vivir, y en junio de 1913 Edith se trasladó a Warwick, cerca de Birmingham. Por primera vez, Ronald contó a sus amigos de la TCBS que tenía novia. Todos se alegraron mucho. G. B. Smith había llegado a Oxford en el otoño de 1913, para estudiar en el Corpus Christi College, mientras que Christopher Wiseman y R. Q. Gilson estudiaban ahora en Cambridge. Por encima de la distancia, la amistad que los unía seguía viva.

El encargado de la catequesis de Edith fue el padre Murphy, párroco de Warwick. A Ronald le pareció que aquella formación inicial había sido insuficiente, e intentó cubrir las lagunas con sus propias explicaciones y, sobre todo, ayudando a su prometida en la práctica de su nueva religión. Escogieron el 8 de enero de 1914 como fecha para la incorporación de Edith a la Iglesia católica, en recuerdo del aniversario de su reencuentro. Ese día, ella se confesó y comulgó, sintiendo «una gran y maravillosa felicidad». De todos modos, Edith nunca llegó a involucrarse en las actividades de la parroquia tanto como lo había hecho en la Iglesia anglicana, en Cheltenham. Sus amistades eran escasas, y en general no se sentía muy feliz en Warwick. Además, por tener un carácter fuerte (al igual que Ronald), discutían con frecuencia, y debieron aprender poco a poco el modo de perdonarse y pasar por encima de los defectos del otro si querían hacer de su amor algo estable, duradero y real.

En ese curso, el joven Tolkien descubrió a otros autores que le abrieron nuevas expectativas y campos literarios. Leyó varias obras de William Morris: *The Life and Death of Jason*, la traducción de la *Völsungasaga* y la obra (en prosa y verso) titulada *The House of the Wolfings*. A Ronald no le gustaba demasiado leer novelas, y en general sus gustos literarios terminaban con Geoffrey Chaucer (es decir, hacia el siglo XIV). Prefirió siempre el tono heroico y arcaico del lenguaje en que estaban escritas las primeras obras de la literatura europea. Había muchos paralelismos entre *The House of the Wolfings* y la 'atmósfera' que Tolkien estaba a punto de empezar a crear para su mundo imaginario. Escrita en un estilo a medio camino entre el verso y la prosa, aparecían muchas palabras antiguas y la sintaxis era arcaica. La acción se situaba en una época y un paisaje nebuloso, difícil de localizar, aunque las descripciones eran muy detallistas. Era una historia que podía estar fuera del tiempo, en el mundo del *érase una vez*. A Ronald le encantó esa forma de contar cuentos y el fondo histórico de la obra.

Sus viajes a Cornualles en las vacaciones del verano de 1914 dejaron en su alma una huella duradera al contemplar la grandiosidad del mar, los arrecifes y las montañas. Era un escenario perfecto para inspirarse y comenzar a crear sus propias historias. Al final de esas vacaciones escribió un poema, que comenzaba con el primer verso del *Crist* de Cynewulf, un poema en anglosajón que había aprendido de memoria un tiempo antes:

«*Eala Earendel engla beorhtast*
ofer middangeard monnum sended».
(¡Salve Earendel, el más brillante de los ángeles
enviado a los hombres sobre la Tierra Media!)

Ronald tituló el poema *The Voyage of Earendel the Evening Star* («El viaje de Earendel, Estrella de la Tarde»), y decía así:

Earendel sprang up from the Ocean's cup
in the gloom of the mid-world's rim;
from the door of Night as a ray of light
leapt over the twilight brim,
and launching his bark like a silver spark
from the golden-fading sand
down the sunlit breath of Day's fiery death
he sped from Westerland[4].

---

4. Earendel se lanzó desde la copa del Océano / a la oscuridad del anillo de la Tierra Media; / desde la puerta de la Noche como un rayo de luz / saltó sobre el borde del ocaso, / y empujando su embarcación como una chispa de plata / desde la arena de oro evanescente / hacia el hálito de luz del sol de la feroz muerte del Día / partió de la Tierra de Occidente.

Ronald empleaba la métrica medieval inglesa, con rima interna en cada verso. Era algo inaudito en alguien tan joven, por la extrema dificultad de esa técnica, pero a partir de entonces la usó con frecuencia, especialmente en los cantos y poemas de Rohan, en *El Señor de los Anillos*. Estaba a punto de comenzar su «mitología para Inglaterra». Empezaban a aparecer los frutos de tantos años de lecturas e intentos de decir lo que quería, y de escribir sobre lo que amaba.

Estallan las nubes

La Primera Guerra Mundial iba a abrir una brecha profunda en la historia de la humanidad. Todo lo que ocurrió entre 1914 y 1918 afectó a Tolkien de manera decisiva. Inglaterra acababa de declarar la guerra a Alemania en la época en que Ronald escribió la historia de Earendel. El sentimiento patriótico llevó a decenas de miles de jóvenes a alistarse como voluntarios. Pero Ronald tenía esperanzas de graduarse con buenas notas y había decidido dedicarse a la enseñanza de la historia de los idiomas. Buscando una solución, se enteró de que podía matricularse en un curso que permitía seguir estudiando, a la vez que se recibía instrucción militar. Eso fue lo que hizo. Su incorporación a filas se retrasaría hasta que acabase la carrera.

G. B. Smith, su amigo, estaba aún en Oxford, esperando la llamada de su regimiento, los Lancashire Fusiliers. Ronald procuró, a partir de ese momento, que le destinasen al mismo batallón. Entrenaba y estudiaba a la vez, y esa actividad exigente lo ayudó a centrarse cada vez más y a olvidar sus antiguos hábitos perezosos. Mientras tanto, seguía escribiendo con el propósito ya determinado de elaborar leyendas semejantes a las del *Kalevala* finés, pero esencialmente inglesas.

En la Navidad de 1914, Ronald viajó a Londres para reunirse con los demás miembros de la TCBS. Los cuatro se sentían llamados a hacer algo importante. Se consideraban artistas, y cada uno a su modo se trazó un plan para «encender una nueva luz en el mundo». Tolkien, Wiseman, Gilson y Smith compartían una forma de ser y ver el mundo profundamente idealista, y querían dejar una huella duradera de su paso por la vida. Sus ideas juveniles debían ser llevadas a la práctica, y nada impediría que eso ocurriese. Los cuatro juntos se veían capaces de hacer algo grande. Tolkien decidió entonces que se dedicaría a la poesía. De hecho, siempre pensó que sus libros estaban escritos en forma de prosa poética, y que debían leerse en voz alta. Por eso muchos de los relatos inicialmente fueron escritos en verso.

En esos meses compuso muchos poemas. Algunos tenían como protagonistas a duendes y elfos, pero le disgustaba la imagen tradicional de seres diminutos que revoloteaban en el aire porque le parecían cosas infantiles, no auténticas historias para niños. Ronald llegaría a pensar que los niños no eran los destinatarios principales de los cuentos. Una historia hermosa y bien contada podía gustar a cualquier persona, con independencia de la edad. A partir de *El Hobbit* escribió todos sus libros de acuerdo con esa idea.

Por otra parte, Ronald no encajaba demasiado bien las críticas. Podía adoptar dos posturas: o las desechaba, o volvía a escribir todo desde el principio. Así que, a pesar de los comentarios y sugerencias que G. B. Smith le hacía, siguió adelante con su estilo.

Cada vez se convencía más de que tenía que encontrar un punto de unión entre la historia de Earendel y sus idio mas inventados. En 1915 ya había desarrollado una lengua inspirada en el finés, e incluso había redactado poemas en ella. Comenzó a plantearse la necesidad de crear un conjunto de historias, conectadas unas con otras, que hiciesen creíble ese idioma. Siempre trabajaba como un filólogo; es decir: hacia atrás, tratando de averiguar cómo habían sido las palabras en el pasado, y cuál era el argumento que las unía y hacía coherentes a través de la historia. En esos poemas iniciales sobre las aventuras de Earendel están presentes ya los elementos que formarían *El Silmarillion*, muchos años después.

En junio de 1915 obtuvo matrícula de honor en el examen final de Lengua y Literatura inglesas. Con 23 años, y considerando sus buenas notas, esperaba conseguir un trabajo cuando acabase la guerra. Pero para eso aún faltaba mucho tiempo. Todavía no le habían enviado al frente. Era subteniente de los Lancashire Fusiliers, aunque no estaba en el mismo batallón que G. B. Smith. Los regimientos iban de un lugar a otro, sin aparente orden ni finalidad, y Ronald pasaba mucho tiempo dedicado al islandés y a sus idiomas inventados. Sin embargo, no descuidaba sus obligaciones como oficial, la instrucción ni los ejercicios de tiro. Sobre esos tiempos de guerra escribió:

«No son entretenidos estos días grises malgastados en ir de un lugar a otro y a otro, los temas aburridos, las oscuras aguas estancadas del arte de matar».

Se especializó en telegrafía, código morse y envío de mensajes, y le nombraron oficial de señales de su batallón. Llegaba el momento de ir al frente, en Francia. Las noticias eran aterradoras: los soldados morían a miles, y era muy posible que Ronald no volviese nunca. Así que Edith y él decidieron casarse antes de la partida. Se lo dijo al padre Francis Morgan, que les envió un mensaje deseándoles «felicidad y todas las bendiciones». La boda se celebró en la parroquia de Warwick, el 22 de marzo de 1916. Viajaron a Somerset en tren y pasaron una fugaz semana de luna de miel. Los cañones de la guerra retumbaban ya, estremeciendo a toda Europa. Y la «gran ofensiva» en el frente del río Somme estaba muy cerca. El 4 de junio Ronald se embarcó rumbo a las trincheras.

La Gran Guerra

Es muy difícil explicar la impresión que una experiencia como la guerra (y especialmente, la Primera Guerra Mundial, una de las más crueles de la historia) deja en el alma de cualquier persona. Ronald Tolkien era, además, un hombre muy sensible. Los horrores que vivió en las trincheras se imprimieron para siempre en su memoria. Pero no se convirtió en un irónico pesimista ni en un cínico, y menos aún en un ser melancólico, como ocurrió con muchos de los supervivientes de aquel infierno. Tolkien no sobrevivió solamente a la guerra, sino también al odio y a la desesperación. En 1918 la vida, una vez más, seguiría su curso; y no habría lugar para la renuncia a seguir caminando, aun en medio del dolor y la pérdida.

Ronald llegó a Francia el 6 de junio. El campamento se estableció en Étaples. Pasaban los días, y hasta tres semanas después no se dirigieron hacia Flandes. El Somme fue el lugar elegido por el alto mando aliado para lanzar el gran ataque contra los alemanes. Las descargas de la artillería se oían a lo lejos, como una siniestra bienvenida.

Los oficiales no agradaban a Tolkien, que prefería estar con los soldados rasos y los suboficiales. Eran hombres leales que hacían lo que debían porque consideraban que era su deber, no porque les agradase hacerlo. De ellos aprendió Ronald muchas cosas; y más tarde se inspiró en el recuerdo de aquellos heroicos hombres corrientes para crear el carácter de los hobbits. Los hobbits son gente sencilla, de limitada imaginación, pero con un valor y lealtad extraordinarios a la hora de la prueba:

«Mi Sam Gamyi es en realidad un reflejo del soldado inglés, de los asistentes y soldados rasos que conocí en la guerra de 1914, y que me parecieron tan superiores a mí mismo».

Los campos de Flandes eran un inmenso barrizal que se extendía a lo largo y ancho del horizonte. Era difícil avanzar por aquellas tierras empantanadas, cargados con más de treinta kilos de material por soldado y con la amenaza de una muerte cercana a cada paso.

La forma de combatir cambiaría con esta guerra. La caballería se iba a mostrar ineficaz, sustituida por los tanques y otras armas más mortíferas. La infantería seguía siendo el elemento principal de ataque, y se procuraba ocupar el territorio enemigo ganando, aunque solo fuese, unos metros de terreno enfangado. Las trincheras se extendían como galerías interminables, conectadas unas con otras por estrechos corredores en los que se amontonaban los soldados y sus oficiales. Reinaba la confusión. El empleo masivo de gases tóxicos y armas explosivas terriblemente destructoras hacía que el número de bajas se elevase cada día hasta límites increíbles. De hecho, los mandos no quisieron creer las noticias que llegaban de la primera línea el día de la gran ofensiva.

Las comunicaciones apenas funcionaban, el cableado estaba roto y embarrado, y lo que Ronald había aprendido casi no servía para nada. Cada batallón se turnaba con el anterior para combatir en la línea de fuego. Un corto descanso, y de nuevo a la lucha. Llovía sin cesar, y el lodo, la humedad y la falta de higiene hacían de los soldados presa fácil de los piojos. Una de las enfermedades más habituales fue la 'fiebre de las trincheras', una infección causada por esos parásitos. Producía fiebre alta, debilidad, vómitos y obligaba a un largo período de recuperación. Muchos soldados la contrajeron; al cabo de unos meses de combate, Tolkien también.

Dormían como podían, hacinados en cobertizos y granjas medio destrozadas por las bombas. Y constantemente, el ruido sordo de las ametralladoras y las explosiones, a veces más cerca, más lejos otras. El 30 de junio el regimiento de Tolkien se trasladó más cerca del frente. El 1 de julio, a las 7:30 de la mañana, el batallón de R. Q. Gilson, su amigo de la TCBS, entró en combate. Salieron de las trincheras y avanzaron a la carrera hacia las líneas alemanas. Confiaban en que las alambradas hubieran sido cortadas o destrozadas por el fuego de artillería. Pero no fue así. Avanzaban lenta, pesadamente, bajo la carga de sus propios equipos de ataque. Como un blanco perfecto ante los ojos de un cazador, los alemanes fueron barriendo con sus ametralladoras, línea a línea, hombre a hombre, a lo más granado de toda una generación; una generación perdida.

El batallón de Ronald quedó en la retaguardia, en Bouzincourt. El espectáculo era dantesco: hombres mutilados, heridos o agonizantes. En el primer día habían muerto más de veinte mil hombres. El día 6 le tocó el turno a la compañía A del batallón de Tolkien, que ahora estaba en el 11.º regimiento de los Lancashire Fusiliers. Intentó escribir algo, pero era imposible concentrarse en otra cosa que no fuera el rostro de la muerte, y crecía su ansiedad por la suerte que habrían corrido Gilson y G. B. Smith. Pensaba en Edith y en que quizá nunca volvería a verla más.

El 14 de julio, Ronald entró en acción. Era la fecha elegida para la gran ofensiva. La falta de orden y coordinación hizo que los muertos de ambos bandos se contaran por decenas de miles: en un solo día murieron más de cincuenta mil soldados ingleses. Las trincheras se llenaron de cadáveres de jóvenes que miraban al vacío con ojos inertes. El aire era irrespirable.

Los recuerdos que la guerra graba en la memoria de Ronald se pueden ver en la descripción de Mordor que Tolkien hizo en *El Señor de los Anillos*: las ciénagas de los muertos que Frodo, Sam y Gollum atraviesan antes de llegar a las montañas del país de la Sombra, la tierra calcinada y los árboles retorcidos y putrefactos, los cadáveres inalcanzables, de rostros nobles u horribles, todos muertos...

El ataque de Tolkien y los suyos no tuvo éxito. Al regresar al campamento, Ronald encontró una desoladora carta de G. B. Smith:

«15 de julio de 1916

Mi querido John Ronald:

He leído esta mañana que Rob ha muerto. Yo estoy bien, pero ¿qué importa? Por favor, no os apartéis de mí, tú y Christopher. Estoy agotado y terriblemente deprimido ante esta noticia, la peor de todas. Ahora comprende uno, con angustia, lo que era en realidad la TCBS.

¿Qué vamos a hacer ahora, querido John Ronald?

Tuyo, como siempre,
G. B. S.».

Ronald respondió a Smith: «En este momento, no me siento parte de un cuerpo completo. Sinceramente, siento que la TCBS se ha terminado». Pero su amigo le respondió: «La TCBS no se ha terminado ni lo hará jamás». Los años demostrarían la verdad de ese desafío al destino.

Los combates continuaron. Ronald no fue herido, pero el 27 de octubre cayó enfermo: tenía la fiebre de las trincheras. Fue evacuado al instante y trasladado a la retaguardia. Desde allí, en un barco hospital, lo llevaron de vuelta a Inglaterra, otra vez a Birmingham. Se reunió con Edith, y hacia mediados de diciembre estaba casi restablecido. Nunca volvió al frente. En esos días recibió otra noticia terrible. En una carta, Christopher Wiseman le decía que G. B. Smith había muerto a consecuencia de las heridas de metralla causadas por una granada. Unas semanas antes, Smith había escrito a Ronald una carta sobre la que este reflexionó después muchas veces:

«Mi mayor consuelo es que, si esta noche muero en una emboscada (salgo en misión dentro de unos minutos), todavía quedarán miembros de la gran TCBS para anunciar lo que yo soñaba y en lo que todos estábamos de acuerdo. Estoy seguro de que la muerte de uno de sus miembros no puede disolver la TCBS. La muerte puede hacernos repulsivos o impotentes como individuos, pero no puede poner fin a los cuatro inmortales. Es un descubrimiento que comunicaré a Rob antes de salir esta noche. Y díselo también a Christopher. Que Dios te bendiga, querido John Ronald, y que digas las cosas que yo intentaba decir cuando no esté para decirlas, si esa es mi suerte.

Siempre tuyo,
G. B. S.».

Al volver a Oxford, Tolkien encontró que solo unas trescientas personas habían sobrevivido a la Gran Guerra: los tres mil habitantes de la ciudad universitaria habían sido literalmente diezmados.

El 11 de noviembre de 1918 se firmó el armisticio que ponía fin a la guerra. Wilfred Owen, un joven soldado de las Midlands que murió una semana antes, había dejado escrito un desgarrador poema sobre el sinsentido y el horror del odio y la batalla. Lo tituló *Dulce et decorum est* («Es dulce y honroso»); terminaba así:

> Si en algún sueño asfixiante pudieras tú también ir andando
> detrás del carro en que le echamos,
> y ver los ojos en blanco retorciéndose en la cara,
> su cara colgante, como la de un demonio harto de pecado;
> si pudieras oír, a cada traqueteo, la sangre
> que sube, gorgoteando espuma de los pulmones deshechos,
> obscena como un cáncer, amarga como el rumiar
> de llagas malas, incurables, en lenguas inocentes,
> amigo mío, ya no dirías tan de buena gana
> a los niños que suspiran por alguna gloria desesperada,
> la antigua mentira: *Dulce et decorum est*
> *pro patria mori.*

La guerra que «iba a terminar con todas las guerras», según había proclamado sin cesar la propaganda del bando inglés, concluyó por fin, dejando su poso de amargura para el mundo entero. Sin embargo vendría otra, años más tarde. Pero Ronald Tolkien dejó atrás los amargos recuerdos. Se había convertido en un hombre y rehizo su vida echándose a la espalda la sombra del pasado. Se sobrepuso a sus experiencias en las ciénagas de los muertos apoyándose en

su fe y su voluntad, en su imaginación y en la creación literaria. El mago de las palabras comenzó a crear «una mitología para Inglaterra».

El Libro de los Cuentos Perdidos
(1914-1930)

En 1951, cuando ya había terminado de escribir *El Señor de los Anillos,* Ronald escribió en una carta la explicación de lo que había hecho en sus libros:

> «Hace mucho tiempo tuve la idea de crear un cuerpo de leyendas más o menos conectadas, desde las más grandes, cosmogónicas, hasta el nivel de los cuentos románticos de hadas (las mayores apoyadas en las menores, en su contacto con el suelo, y las menores extrayendo esplendor de las vastas telas del fondo), que pudiera dedicar sencillamente a Inglaterra, a mi país».

Los poemas de Earendel necesitaban una historia más amplia que sirviese de escenario para la acción. Además, Tolkien ya había desarrollado sus idiomas inventados y se sentía capaz de crear el mundo donde esos idiomas se pudiesen hablar. Corría el año 1917 y en la tapa de una libreta Ronald escribió con un lápiz azul: *El Libro de los Cuentos Perdidos.* Con el tiempo, ese libro se titularía *El Silmarillion*, y Tolkien no llegaría a terminarlo en toda su vida. Así empezó su mitología, desde la creación del mundo por Ilúvatar, hasta llegar (al cabo de muchos años) a la historia del Anillo de Sauron, el Señor Oscuro de Mordor.

Las historias tenían que parecer verdaderas, ser creíbles, aunque tratasen de seres que no habían existido. Y, a medida que se desarrollaban, se podía ver en ellas el profundo sentido de la religión que Tolkien tenía. En la Tierra Media no aparece el nombre de Dios, pero su presencia se siente en cada página. Como católico que vivía con coherencia su fe, John Ronald creó un mundo de leyendas e historias donde los personajes conocen y adoran a Ilúvatar, o bien se niegan a obedecerle y combaten contra él. Las historias de los elfos y los hombres, de los enanos, magos, orcos, ents y hobbits, ponen de manifiesto que la mente que había escrito esos libros era profundamente cristiana. Como todo cuento bien narrado, contenían una moral, pero no eran una alegoría del mundo real y, mucho menos, una defensa intencionada de la fe. Al contrario, se parecían más a un espejo en el que se podía ver reflejada la vida de cada día, para encontrar un sentido a lo que ocurre en la realidad. Sobre el modo en que esas historias se desarrollaron, Tolkien escribió:

> «Surgieron en mi mente como cosas "dadas", y se vinculaban entre sí a medida que iban llegando. No obstante, siempre tuve la sensación de registrar algo que ya estaba "allí", jamás la de *inventar*».

Redactó *La caída de Gondolin*, a la que siguieron otras historias sobre los elfos, la fabricación de las tres joyas o 'Silmarilli' por el arte de Fëanor, su robo por Morgoth y las guerras que se sucedieron después para recuperarlas. El estilo era difícil y elevado, heroico como las hazañas que se narraban. Tolkien tuvo siempre muy claro que el argumento y el modo de contar los relatos debían ser semejantes: para una historia heroica las palabras y las frases tenían que ser poéticas y sugerentes, llenas de metáforas, como una música repleta de matices. La coherencia del argumento se apoyaba en la credibilidad de los idiomas inventados.

A pesar del tiempo transcurrido desde el fin de la guerra, no terminaba de recuperarse de la fiebre de las trincheras, y anduvo de un hospital a otro, hasta que en 1919 se le dio el alta definitiva. Durante una de las temporadas de mejoría, Edith y él solían pasear por un bosque. En un claro, lleno de flores de cicuta, ella bailaba para él, mientras Ronald la dibujaba. De esos recuerdos nació la historia romántica más maravillosa creada por Tolkien: la aventura de Beren y Lúthien Tinúviel. Ronald llegó a identificar a Edith con Lúthien y a sí mismo con Beren. Sobre ese cuento, Tolkien escribió a su hijo Christopher mucho tiempo después, tras la muerte de su esposa:

«Ella era (y lo sabía) mi Lúthien. No te diré más ahora. Pero me gustaría, antes de que pase mucho tiempo, tener una larga conversación contigo. Porque como parece probable que jamás escriba una biografía ordenada (se opone a mi naturaleza, que expresa mejor las cosas que siente valiéndose para ello de mitos y relatos), alguien que está cerca de mi corazón debería tener algún conocimiento de aquello que los registros no registran: los terribles sufrimientos de nuestra infancia, de los que nos rescatamos el uno al otro, aunque sin poder curar del todo heridas que, más tarde, se demostraron muchas veces pertinaces; los sufrimientos que debimos soportar una vez declarado nuestro mutuo amor; todo lo cual (más allá y por encima de las debilidades personales) podía ayudar a hacer perdonables, o comprensibles, los errores y oscuridades que a veces ensombrecieron nuestras vidas, y a explicar por qué nunca rozaron lo más profundo de nuestras almas ni borraron el recuerdo de nuestro amor juvenil. Por qué siempre, y en especial a solas, nos encontrábamos todavía a la media luz del bosque caminando con las manos unidas para escapar a la sombra de la muerte inminente antes de nuestra despedida final».

La historia de Aragorn y Arwen, en *El Señor de los Anillos*, reflejaba las mismas ideas. En ella se encierra el secreto para entender lo que Tolkien consideraba la clave de ese libro: la reflexión sobre la muerte y la inmortalidad en forma de cuento. Por eso el apéndice final del libro, que se titula *Fragmento de la historia de Aragorn y Arwen*, se debe considerar como lo más decisivo del libro, el resumen de lo que para Tolkien era una historia de amor verdadero. Lealtad, sufrimiento, alegría siempre pasajera, leve, momentánea, antes del momento de la despedida final e inevitable. Pero, por encima de todo eso, la esperanza en que «más allá de los círculos de este mundo hay algo más que recuerdos».

De Leeds a Oxford: otro viaje de ida y vuelta

En noviembre de 1917 había nacido el primer hijo de los Tolkien, John. La familia vivía ahora en el número 1 de Alfred Street, en Oxford. En 1919, Ronald comenzó a trabajar como tutor en una escuela local. Al volver a la ciudad universitaria encontró trabajo como lexicógrafo asistente en el *New English Dictionary*. Le encargaron cinco palabras que empezaban por la *w*. Con sus conocimientos de idiomas y su forma laboriosa y detallista de trabajar, investigó en las raíces de esos términos, y ofreció la versión de cada uno de ellos en quince lenguas y dialectos. Era ya un especialista en Filología Comparada.

Necesitaba recursos económicos para mantener a su familia en la dura posguerra. En 1920 nació su segundo hijo, al que bautizaron con el nombre de Michael. Ese mismo año buscó un trabajo mejor pagado y fue contratado como lector de lengua inglesa en la universidad de Leeds. Allí se trasladó la familia en 1921. En los años siguientes se mudarían de casa muchas más veces.

En Leeds pasaron casi seis años, hasta el otoño de 1925. Durante las vacaciones de verano iban a Bimble Bay y a Filey, un pueblecito en la costa, al que solía ir también G. K. Chesterton, un famoso escritor al que Tolkien llegó a admirar, y cuyos puntos de vista sobre los cuentos de hadas compartía. Allí inventaba historias que contaba a sus hijos pequeños, como la de *Roverandom*, un perrito blanco que tenía aventuras con un mago y que llegaba hasta la Luna caminando por el sendero que su luz plateada reflejaba sobre el agua del mar. También escribió otras historias y poemas, como la de *Miss Biggins*, que conversaba con un dragón que había arrasado las tierras de alrededor, o las de *Glip*, una extraña criatura que vivía bajo las montañas. También desarrolló para sus hijos los cuentos de *Timothy Titus*, un hombrecillo al que no gustaban las aventuras. En todos estos cuentos había elementos que iban a aparecer pocos años después en sus historias más conocidas, empezando por *El Hobbit*.

Dibujaba paisajes, paseaba con sus hijos y con Edith por la playa, hacían juntos castillos de arena... Ronald dedicaba mucho tiempo a estar con su familia, y a lo largo de los años los cuatro hermanos encontrarían siempre en él a un buen amigo en quien confiar, además de a un padre muy cariñoso.

En 1922 se incorporó a su departamento en la universidad de Leeds un hombre muy trabajador. Se llamaba Eric Gordon y había sido alumno de Tolkien. Enseguida se hicieron muy amigos. Entre los dos tradujeron al inglés moderno el poema medieval *Sir Gawain and the Green Knight* y lo llenaron de notas y explicaciones sobre la evolución del idioma desde el siglo XIV, cuando se escribió. El libro fue publicado en 1925 y aún se estudia en muchas universidades de todo el mundo. Con la ayuda de E. V. Gordon, escribió también un diccionario de inglés medieval, imaginativo y lleno de erudición, titulado *A Middle English Vocabulary*.

Los dos ayudaron a los estudiantes a formar un Viking Club, y se reunían para cantar, leer poesía en voz alta y charlar animadamente. Inventaron una serie de canciones divertidas, llenas de chistes y bromas sobre la Filología, y lo publicaron bajo el título *Songs for the Philologists*. Ronald seguía fiel a su costumbre de formar grupos de amigos que compartían aficiones e intereses comunes, en un ambiente bien cargado de ruidoso sentido del humor, cerveza y aroma de pipa.

La universidad de Leeds se dio cuenta de la capacidad de Tolkien para enseñar: era un gran profesor e investigador. Así que le nombraron profesor de Lengua inglesa en 1924. Los Tolkien se mudaron a una casa más grande, y en ese año nació el tercer hijo de Ronald y Edith. Le llamaron Christopher en recuerdo de Christopher Wiseman, el gran amigo de la TCBS que había sobrevivido a la guerra, sirviendo en la Marina. El pequeño enfermaba con facilidad, y tenía un carácter irritable y rebelde; seguramente por eso Ronald lo quería de una manera especial. Con el paso de los años, Christopher sería el más estrecho colaborador de su padre en la creación de la Tierra Media. También estudió Filología y llegó a dar clase en Oxford. Cuando Tolkien murió, en 1973, Christopher comenzó la tarea casi imposible de ordenar y publicar de manera coherente las obras de su padre, y a ello se dedicó desde entonces hasta 1997. De los cuatro hijos era el que mejor comprendía el mundo imaginario de Ronald, pero sobre todo era el que estaba más cerca emocionalmente de los sentimientos de Tolkien hacia los idiomas y la literatura. Refiriéndose a Christopher, Ronald escribió en su diario: «Ahora no podría vivir sin lo que Dios me ha enviado».

El Libro de los Cuentos Perdidos estaba casi concluido hacia 1925; Tolkien lo tituló *El Silmarillion*. Pero entonces decidió empezar a escribirlo de nuevo, desde el principio.

Era muy perfeccionista y le agradaba desarrollar los elementos «secundarios» de sus historias: los emblemas y escudos heráldicos, el diseño de alfombras y azulejos de elfos y hombres, o la escritura de hermosas páginas empleando las runas de sus idiomas inventados. Hacia 1930 había escrito un nuevo *Silmarillion*, o historia de los Silmarilli, las joyas fabricadas por Fëanor, el más hábil y orgulloso de los orfebres elfos.

En 1925 llegó la noticia de que estaba vacante la plaza de profesor de anglosajón en Oxford. Había varios candidatos y, a primera vista, Ronald partía con desventaja: era el más joven y, aparentemente, inexperto; pero su capacidad estaba fuera de toda duda. Se presentó. Y de los cuatro profesores, dos se retiraron a última hora. Quedaron solo Tolkien y su antiguo tutor, Kenneth Sisam. Empataron en la votación y en la decisión final, que correspondía al vicerrector, la balanza se decantó del lado de Ronald.

Acertijos en las tinieblas
(1926-1937)

Comenzaba la época más estable de la vida de Tolkien. Fue nombrado profesor de la cátedra Rawlinson y Bosworth, puesto en el que trabajó hasta 1945. Su vida era la normal de un profesor universitario y padre de familia. Preparaba sus clases, ayudaba a sus hijos con los deberes, hacía los recados que Edith le encargaba cuando iba y venía de la ciudad en su bicicleta, se reunía con sus amigos, otros profesores y tutores de la universidad, y escribía libros y muchas cartas. Muchísimas más tendría que redactar a partir de 1954, cuando se publicó *El Señor de los Anillos*.

Puede llamar la atención que una persona tan normal demostrase un genio capaz de escribir historias tan apasionantes. Aunque es posible que esto fuera la clave de todo. Ronald Tolkien parecía llevar la vida de un simple hobbit, una vida ordenada, rutinaria (pero no aburrida) y estable. Incluso por gustos, forma de vestir y de pensar, era una especie de Bilbo Bolsón. Pero en realidad se parecía más a Frodo, por el carácter «élfico» de su personalidad, que ya hemos señalado en otras páginas: añoraba el mar, como Frodo y

Legolas, y la vida tranquila al aire libre; ansiaba hablar con otros seres vivos en lenguas desconocidas y extrañas, como el mago Radagast; y meditaba sobre la heroicidad que se esconde en las cosas de cada día. No le gustaban las aventuras, pero toda su vida dio la cara cuando se hizo necesario hacerlo. Al reflexionar sobre sus obras, Tolkien escribió:

«Historias semejantes no nacen de la observación de las hojas de los árboles, ni de la botánica o la ciencia del suelo; crecen como semillas en la oscuridad, alimentándose del humus de la mente: todo lo que se ha visto, pensado o leído, y que fue olvidado hace tiempo... La materia de mi humus es, principal y evidentemente, lingüística».

Por eso es importante no perder de vista que lo que Tolkien sabía era solo una fuente de inspiración. Pero su talento creador, su sensibilidad, genio e ingenio fueron la base de la creación de la Tierra Media y los otros cuentos, dibujos y pinturas que llenaron sus jornadas aparentemente iguales.

Tierras de penumbra y hierba para pipa

1926 iba a ser un año decisivo en la vida de dos personas que coincidieron en Oxford. Uno era John Ronald Tolkien; el otro, Clive Staples Lewis. Ronald y sus amigos le llamaban «Jack». Por su parte, Jack llamaba a Tolkien «Tollers». La amistad profunda entre estas dos personas de inteligencia privilegiada fue muy provechosa para los dos. Poseían una sensibilidad especial para la lectura y la creación literaria, y pronto se dieron cuenta de que compartían un mundo intelectual y emocional común.

C. S. Lewis había llegado a Oxford procedente de la universidad de Cambridge, y enseñaba Literatura inglesa medieval y renacentista en Magdalen College. Al igual que Ronald, había luchado en la Gran Guerra. No estaba casado, vivía solo con su hermano, el comandante Warren Lewis; y, cuando conoció a Tolkien, no creía en Dios. Pero lo buscaba hacía tiempo. En Cambridge le habían prevenido contra los filólogos y los católicos o «papistas»; y como él escribió más tarde en su autobiografía, «Tolkien era ambas cosas».

Pronto se hicieron muy amigos. Se reunían en las habitaciones de Jack en Magdalen y formaron una sociedad informal llamada los Coalbiters. Esa palabra provenía del islandés *kolbítar*, 'morder el carbón', término que se aplicaba a los que se sientan tan cerca de la chimenea que parece que van a arder entre la leña. Leían las sagas islandesas y otras obras en la lengua original. Bajo la supervisión y el ánimo de Ronald, que era el que mejor dominaba esos idiomas, todos se afanaban en la lectura hasta que, cansados del esfuerzo, decidían abrir una botella de *whisky*, o tomar un té caliente, y continuar hablando de sus propias creaciones, o del trabajo y la vida en Oxford, mientras fumaban sus pipas. Eran reuniones informales, salpicadas de chistes y chascarrillos de la vida académica.

En 1929 nació la hija que Edith tanto deseaba. La llamaron Priscilla Mary. Por esos años, Tolkien había comenzado la narración de un cuento para sus hijos. Se trataba de la historia de Bilbo Bolsón, un ser perteneciente a la raza hobbit, que era llevado casi contra su voluntad a correr aventuras con el mago Gandalf y trece enanos bravucones, pero un poco cobardes. La historia crecía noche tras noche, porque cuando los tres niños se dormían, Ronald bajaba al estudio de su casa en Northmoor Road y se quedaba hasta muy tarde escribiendo lo que acababa de contarles. A Tolkien le gustaba mucho quedarse levantado hasta altas horas de la noche; y nunca le gustó madrugar, aunque debía hacerlo por razón de sus obligaciones.

A medida que se desarrollaba, el cuento de Bilbo se hacía más y más oscuro: no parecía muy adecuado para niños. La mente de Tolkien prefería narrar historias heroicas y complejas desde que empezó a leer la literatura europea más antigua. Hacia 1930 llegó a un punto que sería la clave para escribir después *El Señor de los Anillos*. Bilbo, caminando a tientas bajo la montaña, ponía la mano sobre un anillo. Esa joya resultaba ser un objeto que hacía invisible a su portador. Bilbo decidió guardarlo en su bolsillo, pero entonces tuvo que enfrentarse a la criatura que vivía en esas cavernas, Gollum. Los dos personajes decidían retarse a un concurso de acertijos. Si ganaba Gollum, se comería a Bilbo; pero si el hobbit vencía, Gollum debería guiarlo hasta la salida. Ese capítulo se llamó «Acertijos en las tinieblas». En la primera versión, Gollum perdía y, fiel a su palabra, acompañaba a Bilbo por el túnel que conducía al exterior. Pero años después, el tiempo y la evolución de la historia obligaron a Tolkien a rehacer el episodio, para justificar el carácter maléfico del anillo: no era un anillo cualquiera, sino el Anillo Único, forjado por Sauron el Grande, el Señor Oscuro de Mordor. Sin embargo, en 1930 Tolkien no sospechaba nada de eso. Aún tenían, él y Bilbo, mucho camino por recorrer.

Tolkien terminó el libro, paso a paso. Cuando lo acabó, no pensó en publicarlo. Dejó el manuscrito en una de las estanterías de su estudio, hasta que una antigua alumna, Elaine Griffiths (que llegó a ser amiga de la familia) descubrió aquel montón de páginas. Recomendó el libro a una amiga suya que trabajaba para la editorial Allen & Unwin, en Londres. Se dio a leer *El Hobbit* a Rayner, hijo del dueño, que entonces tenía 10 años. Hizo un informe serio y favorable, en el que recomendaba su publicación. El chaval recibió un chelín como pago a tan excelente trabajo. No sabía las consecuencias que tendría aquel apoyo espontáneo y sencillo a un libro tan extraño; ¿cómo iba a imaginarlo?

El Hobbit se publicó en septiembre de 1937 y se comenzó a vender en grandes cantidades. Las críticas eran muy buenas, y al cabo de unos meses recibió en Estados Unidos el premio al mejor libro infantil y juvenil del año. La editorial pidió entonces a Tolkien que empezase una continuación. Ronald no lo veía claro: había investigado todas las características de Bilbo en ese «viaje de ida y vuelta» que era *El Hobbit*. Pero en diciembre de 1937, animado por el éxito del cuento, escribió el primer capítulo de la nueva historia. Se titulaba «Una fiesta muy esperada». Tolkien la envió al editor, con una carta en la que decía que se le daba muy bien escribir primeros capítulos, pero que no sabía por dónde seguir. Volveremos a este punto de la historia más adelante. De momento, dejaremos a Gandalf haciendo creer a los sencillos hobbits que es un mago que solo sabe hacer fuegos artificiales...

Los inklings

A lo largo de toda su vida, Tolkien formó con sus amigos grupos informales y sociedades de debate. Los asistentes compartían inquietudes intelectuales, pero, sobre todo, eran amigos de verdad. No se trataba de reuniones en las que todos apoyaban las opiniones de todos. Había también lugar para la discusión (a veces, acalorada). Pero la amistad que los unía convertía las veladas en momentos de profunda comunicación de intereses, de unión de los corazones. Para todos ellos, esos ratos de tertulia eran necesarios; más incluso: imprescindibles.

En la época en que Ronald conoció a C. S. Lewis todo parecía estar en su sitio. Tenía trabajo estable, podía continuar con sus investigaciones filológicas, veía a sus hijos crecer y disfrutaba de la paz necesaria para continuar escribiendo su mitología. La aparición en escena de Jack iba a suponer un cambio en el modo de organizar esos clubes de debate.

Alrededor de Tolkien y Lewis se formó un grupo de profesores y otras personas no vinculadas a la universidad, pero que tenían una característica en común: todos eran muy inteligentes y nada superficiales. Quizá por eso, preferían escuchar y aprender antes que «sentar cátedra» sobre temas que, después de todo, eran opinables. Eran gente sencilla, poco dados a la vanidad y sobre la base de esa humildad eran capaces, sobre todo, de reírse de sí mismos. Se dieron el nombre de *inklings*, que en inglés antiguo significa 'noción vaga, intuición, sospecha'. En definitiva, se trataba de reunirse al calor de un buen fuego e intercambiar perspectivas sobre los más variados temas. Solían ser tertulias largas, que se prolongaban hasta bien entrada la noche; y muy divertidas, llenas de ideas chispeantes e ingeniosas. Las reuniones comenzaron hacia 1933 o 1934 y duraron hasta 1962.

Además de Ronald y Jack, los más habituales eran Owen Barfield, un abogado de Londres que tenía puntos de vista sobre la poesía semejantes a los de Tolkien; Hugo Dyson, profesor en Reading y Oxford; Warnie Lewis, el hermano de Jack, que era historiador; R. E. Havard, un médico de Oxford que atendía a los Lewis y a la familia Tolkien; Charles Williams, que trabajaba en una editorial y escribía novelas alegóricas (que a Ronald nunca le gustaron del todo); y, con el tiempo, el propio Christopher Tolkien se unió a ese grupo. Otras personas acudían de forma más o menos regular, pero los citados eran los habituales. Se reunían en un pub de Oxford, el «Eagle and Child» (aunque ellos preferían llamarlo en broma «Bird and Baby»), o en las habitaciones de Lewis en Magdalen College.

Lo pasaban bien juntos, leían sus creaciones en voz alta o traducían antiguos textos medievales, fumaban y bebían cerveza (o cualquier otro licor agradable al paladar). Les gustaba comentar los acontecimientos de actualidad, pero siempre con un punto de vista crítico. Todos tenían una fuerte personalidad, de manera que el enriquecimiento era mutuo, al ser aceptado cada uno como un elemento esencial y distinto dentro del grupo. En los inklings nunca hubo «autobombo». Se criticaba lo que cada uno leía, unas veces alabándolo y otras, no. Por ejemplo, a Hugo Dyson no le gustaban las historias elevadas de Tolkien sobre los elfos.

Ante los inklings, Ronald fue leyendo, capítulo a capítulo, primero *El Hobbit* y luego *El Señor de los Anillos*. Encontró un apoyo incondicional en C. S. Lewis, que estaba convencido de que las obras de Tolkien y sus lenguas inventadas no eran rarezas de un hombre extraño, sino que merecían ser publicadas y tomadas en serio. Tolkien siempre guardó en su corazón un profundo agradecimiento a Jack por el ánimo y empuje con que alentó el avance de la historia del Anillo:

> «La deuda (imposible de pagar) que tengo con él no es la influencia, tal como se suele entender, sino el ánimo. Fue durante largo tiempo mi único auditorio. Solo de él recibí por fin la idea de que mis cosas podían ser algo más que un entretenimiento personal».

La influencia de los inklings en la vida de Tolkien fue profunda y duradera. Las conversaciones que Ronald mantenía con Lewis sobre Dios iban acercando a Jack a la fe. A este le costaba, sobre todo, entender de qué modo afectaba a su vida el hecho de que Jesucristo hubiese muerto en una cruz casi dos mil años atrás. Ronald buscó un campo de debate donde los dos se encontraban a sus anchas: los mitos. Le explicó que, aunque los mitos no han existido, reflejan de algún modo la verdad. Esa verdad se puede llegar a conocer, puesto que el creador de la historia con mayúsculas, el «narrador», había hecho que la historia fuese real: era un mito auténtico, *el Mito*, para ser más exactos, porque había sucedido en la realidad, en el tiempo. De manera que la historia de la Salvación de la humanidad era la manera más adecuada de redimir al ser humano (que es un ser histórico, mujer y hombre), que se desarrolla en el tiempo a través de sus decisiones libres. Cristo no era un mito, sino el Autor y protagonista de la historia más conmovedora jamás contada: la historia de una caída... y la de su perdón por puro amor. Por eso la Encarnación, Muerte y Resurrección de Jesús eran el punto de inflexión de la historia real.

Jack fue dando sucesivos pasos. Admiraba en Ronald, además de su amistad leal, su coherencia de vida, su inteligencia y el prestigio que poseía como filólogo y profesor. Poco a poco, desde el agnosticismo, pasó a aceptar la existencia de un Dios personal y finalmente se convirtió al cristianismo. Se mantuvo en el anglicanismo en que había sido educado de pequeño y nunca se hizo católico. Pero dedicó muchas páginas y conferencias a defender la verdad de la fe cristiana. A Tolkien está dedicado uno de sus libros más importantes, *Cartas del diablo a su sobrino*. Se refleja en ellas la excelente inteligencia de Lewis y su profunda capacidad para mostrar la manera de razonar sobre la fe. Sus conversaciones con Ronald habían sido un buen campo de entrenamiento. A los inklings dedicó su autobiografía, en la que contaba la historia de su conversión, y que tituló *Cautivado por la alegría*.

Una noche de septiembre de 1931, Ronald, Hugo Dyson y Jack estuvieron hablando de religión hasta muy entrada la noche; unos días más tarde, Ronald anotó en su diario:

«La amistad de Lewis compensa muchas cosas; y aparte del placer y el bienestar constantes, me ha hecho un gran bien entrar en contacto con un hombre a la vez honrado, valiente e intelectual, un erudito, poeta y filósofo, y finalmente, después de una larga peregrinación, un amante de Nuestro Señor».

Efectivamente, los inklings ofrecieron a Ronald una ocasión estupenda de compartir su mundo intelectual y afectivo durante muchos años. Parodiando las líneas iniciales de *Beowulf*, Tolkien escribió:

«*Hwæt! we Inclinga*: mirad, hemos oído hablar, en los días antiguos, de la sabiduría de los inklings, de mentes perspicaces; de cómo aquellos sabios se reunían a deliberar, recitando con destreza el conocimiento y el arte de las canciones, y meditando honradamente. ¡Esa era la verdadera dicha!».

Las cartas de Papá Noel

La vida de los Tolkien no era muy distinta de la de cualquier otra familia de Oxford. Al principio se instalaron en el número 22 de Northmoor Road, pero en 1930 se mudaron al 20 y allí vivieron hasta 1947. Era una casa grande, con jardín y un campo de tenis de cemento (que pronto se convirtió en una extensión del jardín, donde John ayudaba a su padre a cultivar flores y hortalizas). La personalidad de Tolkien se debatió siempre entre dos puntos de tensión: su trabajo académico, en el que Edith nunca quiso entrar, y que incluía a sus amigos y el entorno intelectual de la universidad; y su vida familiar, donde él se revelaba como un amante esposo, delicado y plenamente entregado a su mujer y sus hijos.

La minuciosidad con que Tolkien llevaba a cabo sus trabajos académicos y sus libros era un rasgo de su carácter. Era muy detallista. Este aspecto de su personalidad se manifestaba, por ejemplo, en el registro de los gastos que realizaba, incluso de los más pequeños. No era una manía, sino responsabilidad de padre de familia. Incluso cuando la fortuna lo visitó, trayendo fama y dinero a su vida, siguió fiel a su forma de actuar. Nunca fue un hombre derrochador. El gusto por los detalles se reflejaba también en su manera delicada de tratar a los demás, comenzando por los que tenía más cerca: su familia, sus amigos y los empleados y jardineros de la universidad.

Ronald contaba a sus hijos muchas historias. Tenía un gran talento como cuentacuentos y de su imaginación salieron personajes muy variados. Algunos nunca llegaron a convertirse en protagonistas de aventuras importantes, pero otros, con el paso del tiempo, fueron incorporados a *El Hobbit* y, sobre todo, a *El Señor de los Anillos*: Tom Bombadil, un personaje inspirado en un muñeco «de chaqueta azul brillante y zapatos amarillos», que Tolkien había regalado a Michael, y que este había arrojado al váter porque no le gustaba. Ronald lo «rescató de las aguas» y le dedicó varios poemas (que en 1962 se publicarían con el título *The Adventures of Tom Bombadil*); otros personajes fueron el Hombre-Sauce, Baya de Oro y los tumularios. Bilbo Bolsón fue el elemento que unía *El Hobbit* con la nueva historia de Frodo. También Gandalf siguió siendo un personaje central, más poderoso en el nuevo cuento del Anillo, e igualmente entrañable.

Cada Navidad, desde 1920 hasta 1939, Ronald escribía a sus hijos cartas en las que simulaba ser Papá Noel. Alrededor del árbol y los regalos, en esa época tan maravillosa y mágica, Tolkien creó unos personajes que visitaban puntualmente, año tras año, a los cuatro hermanos. Conforme crecían, los mayores guardaban el secreto para mantener la ilusión de los más pequeños, que aún pensaban que el verdadero Papá Noel era el autor de aquellas páginas escritas con una caligrafía temblorosa.

Ronald fabricaba los sobres, que llegaban «por duende-correo; ¡a toda prisa!», e incluso dibujaba los sellos. Con la complicidad del cartero, alimentó durante años la imaginación de sus hijos, convirtiendo su infancia y adolescencia en un tiempo maravilloso. Además de Papá Noel, había elfos, un oso polar y otros personajes que fabricaban los juguetes, los empaquetaban y se hacían cargo de que todos los niños recibiesen a tiempo los pedidos. ¡Era tan real! Hasta había ruidos en la chimenea la noche de Navidad y los sobres llegaban manchados con nieve; ¿cómo dudar de su autenticidad? Años después se publicó un libro que incluía algunas de esas cartas y los dibujos hechos por Tolkien; se tituló *Las cartas de Papá Noel*.

Aunque no todo era perfecto, por supuesto. A medida que se hacían mayores, Edith y Ronald se daban cuenta de que había partes de sus vidas que no tenían nada en común. Durante toda su existencia juntos, debieron hacer el esfuerzo necesario, cada día, para mantener el amor vivo.

La vida académica de Ronald era un campo ajeno a los intereses de Edith. En Oxford hizo pocas amistades con las esposas de los colegas de su marido. Incluso en la vivencia de la religión diferían sus puntos de vista. Solo a partir de 1940 se hizo visible el cambio de actitud de ella hacia la práctica de la fe católica. Esa actitud fría dejaba a su marido un tanto confuso, porque no podía obligarla, y a veces se veía incapaz de explicarle sus decisiones, sus puntos de vista o el modo en que procuraba educar a los hijos. Ronald había vuelto, tiempo atrás, a la práctica habitual de su fe y asistía a misa a diario, a veces acompañado por sus hijos. También pasaba ratos en oración ante el sagrario.

Pero en lo relativo a sus disensiones no se deben sacar consecuencias más allá de lo aparente. Ya hemos visto que se quisieron siempre por encima de toda diferencia, lógica y normal en cualquier matrimonio. La fidelidad no era gratis: era el resultado de un esfuerzo diario apoyado en el cariño, aunque el corazón estuviese frío.

Cada uno cuidaba con esmero de la salud del otro y juntos gozaban viendo crecer a sus hijos y hablando de su futuro. Edith seguía tocando el piano y a su marido siempre le encantó su música.

Cuando los cuatro hermanos se hicieron mayores y se marcharon del hogar, Edith y Ronald disfrutaban como cualquier abuelo jugando con sus nietos, recordando y haciendo regalos por cada cumpleaños, u organizando ruidosas fiestas que divertían a los pequeños (en ese aspecto, Ronald mantuvo siempre vivo el sentido del humor con que se reía de sí mismo, disfrazándose como en los años en Exeter College).

En aquel hogar nació *El Hobbit*, se desarrolló *El Señor de los Anillos* y creció poco a poco *El Silmarillion*. Pero también allí escribió Tolkien sus creaciones de ámbito doméstico: *Egidio, el granjero de Ham*; *Hoja, de Niggle*; *El señor Bliss* o *Roverandom*. Muchas de ellas solo alcanzaron reconocimiento después del éxito de las obras mayores; pero forman parte, con pleno derecho, de la creación literaria tolkieniana.

La Guerra del Anillo
(1937-1955)

El primer sorprendido del éxito, en crítica y ventas, de *El Hobbit* fue el propio Tolkien. No había previsto que la historia tuviese una continuación, pero venció las primeras resistencias a seguir contando «más cosas sobre hobbits», y en diciembre de 1937 ya había escrito el primer capítulo de la nueva historia.

Los hobbits eran criaturas extrañas en la Tierra Media, y Ronald comenzó a preguntarse qué lugar ocupaban dentro de la jerarquía de seres creados por su imaginación. A finales de 1937 miraba a Bilbo y los Bolsón con ojos tan perplejos como los de Bárbol ante Merry y Pippin en *El Señor de los Anillos.* Sencillamente, los hobbits «no estaban en las listas». Una vez más, tuvo que buscar en su mente las respuestas que los nombres suscitaban en su talento creador.

Como había sucedido con los demás libros, Tolkien se dejó llevar por su inspiración a partir de los bocetos iniciales. A medida que escribía, cada pieza del rompecabezas encajaba en su sitio dentro del gran mural. Tolkien iba buscando el hilo que uniese los episodios y las aventuras, haciendo coherente y creíble el conjunto.

Indudablemente, estaba tratando de escribir una continuación de *El Hobbit*. Pero el nuevo cuento del Anillo (ahora, con mayúsculas) adquiría poco a poco vida propia e independiente, y Tolkien comprobó pronto que la historia se le iba de las manos. Estaba claro que no era un cuento para niños, ni siquiera en el sentido que podía serlo *El Hobbit*. A medida que avanzaba el relato, los sucesos se vinculaban más y más con *El Silmarillion*. El lugar de las aventuras de Gandalf, Bilbo y los enanos era un rincón de la Tierra Media; pero el mapa se había extendido hacia los cuatro puntos cardinales a medida que Tolkien maduraba la idea de crear un nuevo protagonista, emparentado con Bilbo, pero distinto de él. Parecía que, además de contar más cosas sobre la vida de los hobbits, sobre todo, tendría que contar más sobre los elfos...

Tolkien dibujó, con ayuda de Christopher, un mapa completo de la Tierra Media y una tabla con las fases de la luna. Los clavó en las dos ventanas de su estudio en Northmoor Road, de manera que se pudiera seguir por dónde se desarrollaba la historia y cuándo sucedía cada hecho. Ese mapa se modificaría muchas veces. Christopher dibujó la versión definitiva, que trabajó veinticuatro horas sin descanso para terminarlo antes de que el libro entrase en la imprenta.

El motivo de la aventura tenía que estar relacionado con el Anillo, pero Tolkien tardó bastantes meses en darse cuenta de que la joya era maligna y que su destrucción debía ser el motor de la búsqueda. En 1955, cuando el libro ya se había publicado, Tolkien envió estas líneas a un lector ilustre, que había sido alumno suyo en Oxford: el poeta W. H.

Auden. Le explicaba precisamente el modo en que la inspiración le llevó siempre la delantera, y la ausencia de todo diseño previo sobre el modo de pasar de un suceso a otro, estableciendo las conexiones argumentales entre *El Hobbit* y *El Señor de los Anillos*:

«No tenía noción consciente de lo que significaba el Nigromante (excepto como mal siempre recurrente) en *El Hobbit*, ni tampoco qué conexión debiera tener con el Anillo. Pero si se quería proceder a partir del final de *El Hobbit*, creo que el Anillo era la elección inevitable como vínculo. Luego, si se quería una historia larga, el Anillo adquiriría enseguida una letra mayúscula e inmediatamente aparecería el Señor Oscuro. Y así lo hizo, sin que nadie lo invitara, en la chimenea de Bolsón Cerrado, tan pronto como llegué a ese punto. De manera que la búsqueda esencial empezó enseguida. En el camino encontré muchas cosas que me asombraron. Ya conocía a Tom Bombadil; pero nunca había estado en Bree. Me impresionó ver a Trancos sentado en un rincón de la posada y no sabía más que Frodo acerca de él. Las Minas de Moria no habían sido nada más que un nombre; y mis oídos mortales jamás habían escuchado hablar de Lothlórien antes de llegar allí. Sabía que los Señores de los Caballos estaban muy lejos, en los confines de un antiguo Reino de los Hombres, pero el Bosque de Fangorn fue una aventura imprevista. Nunca había oído hablar de la Casa de Eorl ni de los Senescales de Gondor. Lo más inquietante de todo: nunca se me había revelado la existencia de Saruman, y me sentí tan desconcertado como Frodo cuando Gandalf no apareció el 22 de septiembre. No sabía nada de las Palantíri, aunque en el mismo instante en que la piedra de Orthanc fue arrojada desde la ventana, la reconocí y supe la significación del verso folclórico que me había estado rondando la cabeza: *siete estrellas y siete piedras y un solo árbol blanco.* Estos versos y nombres afloran, pero no siempre se explican. Todavía tengo todo por descubrir acerca de los gatos de la Reina Berúthiel. Pero supe más o menos todo acerca de Gollum y su papel, y acerca de Sam, y sabía también que el camino estaba custodiado por una araña».

Como ha mostrado Christopher Tolkien al publicar los doce volúmenes de *La Historia de la Tierra Media,* su padre escribió muchas páginas antes de dar con el carácter preciso de cada personaje. Aragorn, por ejemplo, era un hobbit un poco más alto de lo normal en las primeras versiones del capítulo titulado «Trancos». Cuando Tolkien *se dio cuenta* (por emplear su modo de hablar) de que Trancos era en realidad Aragorn, el rey que debía volver para reclamar el trono de Gondor, la historia comenzó un brusco despegue hacia la altura heroica, en estilo y argumento, que domina *El Señor de los Anillos.* Las preguntas sobre los Jinetes Negros y Trancos lo ayudaron a perfilar el carácter malvado del Anillo: se trataba del Único, el Anillo de Poder de Sauron, cuyo destino iba unido al de los anillos de las demás razas:

«Tres Anillos para los reyes elfos bajo el cielo. Siete para los señores enanos en casas de piedra. Nueve para los hombres mortales condenados a morir. Uno para el Señor Oscuro, sobre el trono oscuro en la Tierra de Mordor donde se extienden las sombras. Un Anillo para gobernarlos a todos.

Un Anillo para encontrarlos, un Anillo para atraerlos a todos y atarlos en las tinieblas en la Tierra de Mordor donde se extienden las sombras».

El nuevo cuento del Anillo se iba pareciendo cada vez más a su mitología. El talento de Tolkien estaba preparado para escribir la historia intermedia entre el mundo de Bilbo, más simple y divertido (aunque no falto de valor y emoción), y el más elevado y grandioso de *El Silmarillion*, que narraba los hechos de los Ainur, los Noldor y los Hombres de Númenor.

La repentina aparición por los caminos de la Comarca de un misterioso Jinete Negro, obligó a Tolkien a reconstruir la historia de ese inesperado y siniestro personaje. Pronto, muy pronto (hacia la primavera de 1938), la sombra de Sauron asomó más allá de las fronteras de la Comarca. Cada nuevo personaje hacía que la mente detallista del autor se detuviera en la explicación del pasado de la Tierra Media.

Paso a paso, Tolkien fue elaborando la cronología que unía la historia de Gandalf, Frodo y Sam con los Días Antiguos. *El Señor de los Anillos* era la crónica de los acontecimientos que llevaron la Tercera Edad del mundo a su fin. La destrucción del Anillo Único señalaba el comienzo de la Cuarta Edad, la del dominio de los hombres mortales «condenados a morir», y el fin de los elfos en la Tierra Media. La historia se teñía paulatinamente de un profundo matiz nostálgico, de pérdida irrecuperable. El cumplimiento de la misión de Frodo significaba una tregua, otra victoria pasajera antes de que el mal tomase una nueva forma. Como en la vida real, cada personaje debía llevar a su cumplimiento la misión personal que le había sido asignada, destinado a marchar una vez realizado su cometido.

Pero escribir lo que acabamos de decir de una manera tan resumida le llevó a Tolkien doce años: de 1937 a 1949. Animado por C. S. Lewis y por su hijo Christopher, Tolkien fue colocando cuidadosamente las piezas en su lugar. En los años de la Segunda Guerra Mundial, Christopher marchó a Sudáfrica a combatir. También Michael estaba sirviendo en la Fuerza Aérea (se le concedería una medalla por su participación en la batalla de Inglaterra). Tolkien enviaba a Christopher los capítulos del libro, y de él recibía ánimo y consejo, hasta el punto de que nuestro protagonista llegó a pensar que acabaría el libro por el deseo de que su hijo lo leyese completo.

Antes del verano de 1947, el libro estaba casi mecanografiado, y Tolkien lo entregó a Rayner Unwin (el niño que había hecho el informe favorable de *El Hobbit*, y que ahora estudiaba en Oxford). Al joven le encantó, y dijo de él que era «un libro extraño, pero brillante, que se apodera del lector». Estaba claro que se trataba de un relato para un público especialmente maduro (no adulto en el sentido literal que damos a esa palabra). Tolkien esbozó durante los meses siguientes los últimos capítulos, llegando hasta las lágrimas al narrar el recibimiento de Frodo y Sam en los Campos de Cormallen. Con paciencia terminó la copia definitiva a máquina, en el otoño de 1949.

C. S. Lewis recibió encantado la noticia y felicitó efusivamente a su amigo. Por fin veía la luz la obra escuchada en la penumbra, al calor de la chimenea, por los inklings. Uno de los tres especialistas a los que Allen & Unwin encargó la crítica del libro para la prensa, fue Jack. El 14 de agosto de 1954 se publicaría en la revista *Time & Tide*, y decía así:

«Este libro es como un relámpago en un cielo claro. Es poco acertado decir que con él vuelve de súbito la novela heroica, grandiosa, elocuente, sin el menor pudor, en una época de antirromanticismo casi patológico. Para nosotros, que vivimos en este extraño período, ese retorno y el inmenso alivio que trae consigo, es sin duda lo más importante. Pero en la historia de la propia narrativa (una historia que se extiende en el pasado hasta *La Odisea*, y más allá) la obra no constituye un retorno, sino un avance y una revolución: la conquista de un nuevo territorio».

Sin embargo, antes de llegar a las librerías, Tolkien y el Anillo tuvieron que salvar serias dificultades. Ronald era consciente de la unidad argumental entre *El Señor de los Anillos* y *El Silmarillion*, y pidió a Allen & Unwin que ambas historias se publicasen como un único libro. Stanley Unwin, dueño de la editorial, se negó a cumplir ese deseo de Tolkien. La Segunda Guerra Mundial había traído consigo una gran carestía de papel, y la editorial no estaba dispuesta a arriesgarse con algo tan novedoso y «extraño». Además, Unwin pidió al autor que dividiese *El Señor de los Anillos* en tres partes, para abaratar los costes de edición. Tolkien no quería hacer eso, porque su obra no era una trilogía: había sido concebida como un libro único, y así debía ser publicada, o no habría libro. La tensión creció hasta el punto de que Ronald desistió de verlo editado. Era tozudo, y no resultaba nada fácil hacerle cambiar de opinión sobre el modo en que se debían presentar sus relatos.

Lo ofreció entonces a la editorial Collins, pero la demora de los directivos para tomar una decisión definitiva hizo que Tolkien reconsiderase su postura hacia Allen & Unwin, y (a regañadientes) accedió a dividir en tres partes la historia del Anillo. Propuso un título para cada volumen y, en 1954, después de múltiples revisiones y pruebas de imprenta, se lanzó la primera edición de *La Comunidad del Anillo*. Se hizo una primera tirada de 3.500 ejemplares, que se vendieron en seis semanas, y Allen & Unwin se animó a publicar los otros dos en 1955, mientras se preparaba la segunda edición del primer volumen. Se incluían mapas (menos de los que Tolkien quería) y las inscripciones rúnicas del Anillo, las puertas de Moria y la tumba de Balin. Eran detalles muy importantes para la credibilidad de la historia. Tolkien había dedicado muchas horas a confeccionar incluso la página del libro de Mazarbul que Gandalf lee en Moria a los demás componentes de la Comunidad, con la esperanza de que se publicase.

El Señor de los Anillos trajo a Tolkien fama como escritor, admiración... y mucho dinero. Pero era verdaderamente humilde, y el éxito no se le subió a la cabeza. Comenzó a recibir cientos, miles de cartas, de todo el mundo, a medida que el libro se traducía y fascinaba a generaciones enteras. Una de las cosas que más agradó a Tolkien desde el principio fue que los lectores querían saber más cosas (¡todo!) sobre los idiomas inventados. Preparó unos *Apéndices*, como un libro de historia, que incluían las cronologías de las razas de la Tierra Media, los árboles genealógicos de los principales personajes, y una detallada explicación de los idiomas, el quenya, el sindarin y las runas de los enanos. Todo contribuía a hacer más real la historia del Anillo, que parecía una crónica histórica verdadera en vez de una obra de ficción. Sobre esa fama creciente que lo dejaba un tanto confundido, escribió:

«Ser en vida una figura de culto no es nada agradable. Sea como fuere, no creo que ayude mucho a que uno se engría; en mi caso me hace sentir extremadamente pequeño e incapaz. Pero ni siquiera la nariz de un ídolo muy modesto puede mantenerse del todo indiferente al dulce olor del incienso».

No todas las críticas fueron favorables. Para muchos, Tolkien no pasaba de ser un escritor de estilo difícil, que escribía sobre criaturas poco serias: cosas de niños, como elfos, dragones y ridículos hobbits. Los comentarios negativos afectaban poco a Tolkien, que tenía en escasa estima el trabajo de los críticos. Siempre le pareció que escribían 'de oídas', sin saber exactamente de qué hablaban. Muchos de ellos eran personas que no se escuchaban más que a sí mismas, y no dejaban lugar para el asombro o el encantamiento que produce una buena historia. En cualquier caso, su realismo lo ayudó a entender desde el principio (y así lo escribió) que:

> «El Señor de los Anillos es una de esas cosas que, si te gusta, te encanta y, si no, la abucheas».

Cuando concluyó la Guerra del Anillo, escribió al editor: «Está escrito con la sangre de mi vida», tal había sido la intensidad de su esfuerzo. Y nada había que él pudiese hacer para cambiar las críticas, buenas o malas. Además, no iba a pasar el resto de su vida aclarando lo que había querido decir y lo que no con su libro.

La hoja y el árbol de Niggle
(1943-1960)

Durante los años que Tolkien empleó en escribir *El Señor de los Anillos*, sus tareas de investigación académica se resintieron por falta de tiempo y atención. Es imposible escribir un libro de esa envergadura si no es a costa de muchos sacrificios. Y lo primero que Tolkien sacrificó fue su dedicación plena a la Filología teórica. Él siempre tuvo claro que su mayor contribución a la ciencia de las palabras era su invención literaria. En la Tierra Media había hecho realidad lo que sabía sobre lingüística, poniendo en práctica todo lo que amaba de los idiomas reales e imaginarios que llegó a conocer. Pero algunas personas de Oxford no lo vieron así, y pensaron que el profesor Tolkien era una persona extraña y anticuada, que había perdido el norte y se había dedicado a escribir cosas para mentes infantiloides, o para eternos adolescentes; nada serio para personas respetables de mentes adultas.

A pesar de que a Tolkien eso le importaba muy poco, no podía evitar la sensación de que sus años de vida académica pasaban: estaba dedicando lo mejor de su tiempo a escribir libros, no a lo que se esperaba de un buen profesor y filólogo. Y ahí radicaba su aparente inquietud: lo que se esperaba de él no era lo que él esperaba de sí mismo; pero no podía dejar de sentir cierto remordimiento.

Como ya hemos visto, *El Señor de los Anillos* no se escribió de un tirón, sino con grandes intervalos. Las causas eran variadas: la falta de inspiración (en ocasiones), la falta de tiempo o las obligaciones de la vida de cada día y los problemas imprevistos que obligaban a Ronald a dejar a Frodo y los demás indefinidamente, hasta que pudiese volver a centrar toda su atención en el cuento. Cualquiera que haya escrito una historia difícil y apasionante sabe que la tarea del escritor (o la de cualquier otro artista) puede llegar a ser dolorosa. Pero es indudable que requiere toda la energía que uno pueda acumular. Hay en la inspiración algo arrebatador y necesario, irreprimible.

En mitad de este proceso de escritura de su obra clave, en 1943, Tolkien se levantó una mañana con un cuento en la mente. Lo llamó *Hoja, de Niggle*, y trataba de un pintor muy detallista (en inglés, *to niggle* significa 'ser minucioso, preocuparse de los detalles') que dedica mucho tiempo y esfuerzo a pintar una hoja. Pero, a medida que avanza en su tarea, se da cuenta de que tras su hoja aparecen más hojas, y las otras ramas del árbol... hasta que al fondo se puede adivinar un inmenso paisaje. Niggle sabe, de una manera misteriosa, que nunca llegará a terminar su cuadro. Además, por egoísmo ha descuidado la atención de su vecino Parish. Le asaltan remordimientos, y en esos pensamientos anda cuando llega un tren que él debe tomar y que lo lleva a un lugar de curación; una especie de purgatorio. Le es concedido volver durante un tiempo, que él emplea en recuperar el terreno perdido.

Tolkien llegó a verse a sí mismo como Niggle. Su hoja crecía, pero le perturbaba el pensamiento de que quizá no llegase a tiempo de terminar su árbol y, mucho menos, el paisaje del fondo (*El Silmarillion*). Había otras cosas que había dejado de lado en esos años, consciente o inconscientemente. Pero era imposible volver atrás en el tiempo, si bien podía decidir qué hacer con el que le había sido concedido.

Hoja, de Niggle, fue una de las poquísimas alegorías que Tolkien escribió. No le gustaban las alegorías porque imponían al lector una simbología con la que el autor del libro cortaba las alas de la imaginación. Ronald prefería contar historias que dijeran a cada persona lo que, en ese momento, estaba en condiciones de entender. Su obra era, en ese sentido, como el Espejo de Galadriel:

«El Espejo muestra también cosas que no se le piden, y estas son a menudo más extrañas y más provechosas que aquellas que deseamos ver. Lo que verás, si dejas en libertad al Espejo, no puedo decirlo. Pues muestra cosas que fueron, y cosas que son, y cosas que quizá serán. Pero lo que ve, ni siquiera el más sabio puede decirlo. ¿Deseas mirar?».

Para mirar en el Espejo hace falta coraje y sabiduría, dice luego Galadriel. Pero mirar o no depende de la propia libertad. No hay peligro si se sabe interpretar lo que se muestra a los ojos de cada uno. Por eso Tolkien prefería que cada lector se asomara a sus libros y descubriera en ellos el fondo de su propio corazón: brillante y terrible, oscuro y hermoso a la vez.

La hoja y el árbol a los que Ronald había dedicado tantos esfuerzos eran *El Señor de los Anillos*, pero ansiaba terminar el fondo del mural. Su mitología para Inglaterra estaba lejos del final cuando se publicó *Hoja, de Niggle*, en 1945. Y por entonces aún faltaban cuatro años más de esfuerzo para destruir el Anillo y volver a la Comarca, al olvido y la despedida final en los Puertos Grises.

Años más tarde, Christopher Tolkien decidió publicar juntas las tres obras de su padre que encierran la llave mágica para comprender la Tierra Media. El libro se tituló *Árbol y hoja*, e incluye el ensayo (de 1939) *Sobre los cuentos de hadas*; el cuento *Hoja, de Niggle*; y el poema *Mitopoeia* (o «el arte de escribir mitos»), unos profundos versos que Ronald había dedicado a C. S. Lewis años antes y del que existían hasta siete versiones complementarias. Presentaban metafóricamente las ideas de Tolkien sobre la creación literaria, aunque el mensaje era claro: creamos historias a nuestra imagen y semejanza porque nosotros también hemos sido creados a imagen y semejanza de un Hacedor.

Continuaba dando clases en la universidad. Terminada la Segunda Guerra Mundial en 1945, Ronald fue elegido profesor de Literatura y Lengua inglesas en Merton College. Sus obligaciones familiares y profesionales le impedían dedicar toda su atención a las leyendas de *El Silmarillion*, y escribir una obra tan extensa y compleja (más de medio millón de palabras) mientras terminaba *El Señor de los Anillos*: era una tarea titánica que necesitaba toda su concentración.

En 1947 permanecían en la misma casa cuatro miembros de la familia Tolkien. John se había ordenado sacerdote y desempeñaba su ministerio en una parroquia de las queridas Midlands de su padre. Michael se había casado y trabajaba como maestro en una escuela. La casa de North- moor Road era demasiado grande y el matrimonio Tol- kien, con Christopher y Priscilla, se mudó al número 3 de Manor Road. Era una fea casa de ladrillo rojo, muy ruido- sa y diminuta. En cuanto pudieron, cambiaron de nuevo de hogar, y así ocurrió en 1950. A pesar de estas incomodida- des, Ronald seguía escribiendo, a veces apoyando la máqui- na sobre sus rodillas, en un inestable equilibrio.

Después de publicar *El Señor de los Anillos*, se produ- jeron algunos cambios en la vida de Ronald. Debía aten- der multitud de cartas, que le llegaban desde Estados Uni- dos y numerosos países de Europa, a medida que el libro se traducía a otras lenguas (el propio Tolkien supervisó muchas de las traducciones). Le gustaba dedicar a cada persona la atención que merecía, agradecido por el interés que los lectores mostraban en los diversos aspectos de sus creaciones. Una de esas cartas era realmente divertida. La enviaba un tal Sam Gamgee (Gamyi en la traducción espa- ñola) que, aunque no había leído el libro, se había entera- do de que su nombre aparecía en él. Tolkien le respondió encantado, explicándole el origen del entrañable persona- je y su nombre, y le envió los tres volúmenes dedicados. Luego escribió, con su peculiar sentido del humor inglés:

«Durante algún tiempo he vivido temiendo recibir una carta firmada por S. Gollum. Eso no hubiera sido tan fácil de resolver».

Recibía muchas llamadas telefónicas, y peticiones para entrevistas en radio y televisión. También llegaban invitaciones de bastantes universidades que deseaban concederle una distinción académica o un doctorado honoris causa. La editorial Allen & Unwin contrató a una secretaria para que lo ayudase con la correspondencia. De repente, como Bilbo, se vio envuelto en unos acontecimientos que no le gustaban demasiado, aunque no se mostró contrario a las consecuencias de su éxito como escritor. Decidió convivir con la fama de la mejor manera posible.

Viajó con su hija Priscilla a Italia y llevó un diario de esas semanas. Sobre Venecia escribió:

> «Me ha parecido increíble, élficamente hermosa, como un sueño del antiguo Gondor, o de Pelargir, la de las naves númenóreanas, antes del regreso de la Sombra».

También acudió como peregrino a Roma, el «hogar» que tanto amaba como católico. Sus sentimientos en la Ciudad Eterna no eran fáciles de explicar, porque ser católico en Inglaterra implicaba, lógicamente, caridad y respeto; pero también decisión, firmeza y no hacer caso de las posibles incomprensiones. Además, ¡Roma estaba tan lejos de su país! Era un retorno largamente esperado... Escribió que se sentía como el que llega...

> «... al corazón de la cristiandad, como un exiliado de las remotas provincias fronterizas que retorna a su hogar, o por lo menos al hogar de sus padres».

En 1957, Marquette University, en el lejano estado de Wisconsin (EE.UU.), compró a Tolkien los manuscritos de sus obras más populares. Para entonces los ingresos que recibía por derechos de autor eran realmente altos, y poco a poco se estaba convirtiendo en un hombre rico (a pesar de los elevados impuestos que debía pagar). En 1959 se retiró de la vida académica, a los 67 años, que era la edad normal de jubilación en Oxford. En el acto de despedida le regalaron un busto hecho por Faith, esposa de su hijo Christopher, que era escultora. Pronunció un discurso en el que se quejaba, de forma amable pero contundente, de la separación que se daba en el sistema universitario entre la enseñanza de la lengua y de la literatura, como si fuesen dos cosas que no tenían nada que ver. Todo el discurso estaba salpicado de chistes filológicos y de ingeniosos juegos con los múltiples significados de las palabras, que él conocía tan bien.

Los Puertos Grises (1960-1973)

Los últimos años de la vida de Ronald Tolkien se parecen a una sinfonía tocada en una tonalidad menor. Al acercarse a este tiempo final de su paso por la tierra se tiene la sensación de que el tempo de la música se ha ralentizado. Los acontecimientos, grandes y pequeños, se suceden como una nostálgica despedida de todo lo que él estimaba. Tolkien amaba la Tierra Media, y se le hacía duro poner punto y final a la historia que había creado con tanto esfuerzo. En 1951 había escrito, refiriéndose a su plan de crear una mitología para Inglaterra:

«Yo habría de representar por entero algunas de las historias mayores, y dejar muchas apenas situadas en el plan y esbozadas. Los ciclos deberían estar vinculados en un todo majestuoso, y sin embargo dejar lugar para otras manos y mentes que aportaran música, teatro, pintura. Absurdo».

Es evidente que el propio Ronald no consideraba en absoluto «absurdo» su propósito; todo lo contrario. Pero era un modo de quitarse importancia y de no decir que, en realidad, lo que había hecho era escribir una obra genial en el sentido literal de la palabra. Quizá lo más justo sea dejarlo en un «difícil de conseguir... incluso para Tolkien».

Con el paso del tiempo, Ronald se parecía cada vez más a Bárbol, uno de los personajes más sabios y antiguos de *El Señor de los Anillos*. Bárbol es un pastor de árboles de pensamientos profundos, amante de la naturaleza y poco dado a las prisas, aunque de temperamento vivo y audaz cuando se le pone a prueba. Conoce las lenguas de los bosques y los animales, y es amigo de los elfos y los hombres. Como Tolkien, siente que el mundo está cambiando, y así lo dice en su despedida de Galadriel y Celeborn: «Lo siento en el agua, lo siento en la tierra, lo huelo en el aire».

Ronald se sentía también como el viejo Bilbo: cansado, sin ganas de más viajes y aventuras, ni de nada que le alejase de su agujero hobbit. La vida moderna no le gustaba demasiado. El daño que la industrialización había causado en su querido paisaje campestre inglés le dolía profundamente, porque señalaba el fin irrecuperable de un pasado más feliz, más sencillo. Los efectos nocivos de los gases que desprendían los coches lo habían llevado, años atrás, a vender el suyo. Nunca más compró otro. Sobre el contraste entre su personalidad y el apresurado ajetreo de su época, se quejaba hablando de lo difícil que era «tener temperamento épico en una era superpoblada y devota de lo breve y fugaz».

Así pues, en el tiempo que siguió a su retiro de la vida universitaria de Oxford, Tolkien se convirtió en un hombre más reflexivo incluso, consciente más que nunca del paso inexorable del tiempo y de la cercanía del final. En la *Canción de caminantes*, Bilbo y Frodo cantaban (con matices distintos en los versos de uno y otro):

«El camino sigue y sigue
desde la puerta.
El camino ha ido muy lejos,
y que otros lo sigan si pueden.
Que ellos emprendan un nuevo viaje...».

Era imposible saber a dónde podían llevarte tus pasos una vez puestos los pies fuera de la puerta de tu confortable y seguro agujero hobbit...

Con los cuatro hijos fuera del hogar, la prioridad de Ronald pasó a ser exclusivamente el bienestar de Edith. Ella padecía una fuerte artritis y la casa de Oxford tenía demasiadas escaleras. Así que se mudaron a una casita en Bournemouth, un pueblo costero donde había un agradable hotel, el Miramar. Recibían frecuentes visitas de sus hijos y nietos, e hicieron muchos amigos entre las personas que vivían en el hotel y los alrededores. Además, la cercanía del mar beneficiaba a la salud de Edith, y a Ronald siempre le había hechizado la grandiosidad del océano.

En 1962, a petición de su tía Jane, Tolkien preparó la edición de quince poemas sobre el personaje quizá más enigmático de su mitología: Tom Bombadil. Se publicaron con el título *The Adventures of Tom Bombadil*. Ese personaje era el homenaje literario de Ronald al campo de Inglaterra que estaba desapareciendo: un ser fuera del tiempo, más poderoso incluso que los Sabios y el Señor Oscuro.

Ronald seguía revisando antiguos estudios filológicos para su publicación. Ahora que tenía más tiempo, había tomado la firme decisión de terminar *El Silmarillion*, que Allen & Unwin quería publicar en cuanto estuviese listo.

Pero la tarea era enorme. Había muchas versiones de cada episodio, algunas contradictorias, y Ronald no era capaz de decidir cuál era la más fiel a su intención. Dudaba, además, sobre el modo de presentar las leyendas, ya que no podía usar un viaje o una búsqueda como motor de la historia, algo que sí había hecho con *El Hobbit*, *El Señor de los Anillos* y otros libros. Esto preocupaba y, a veces, le deprimía la sensación de que nunca acabaría su obra más importante, el inicio de todo su mundo imaginario. Pasaba horas haciendo solitarios o resolviendo crucigramas, a la vez que dibujaba hermosos y elaborados diseños relacionados con Númenor o emblemas élficos en las páginas de los periódicos que hojeaba. Seguía trabajando sobre sus idiomas inventados y en los últimos años pasó mucho tiempo meditando sobre sus libros. En el prólogo de *El Silmarillion*, su hijo Christopher escribió:

«En el transcurso de los años, los cambios y variantes, tanto de detalles como de perspectiva, se hicieron tan complejos, tan numerosos [...] que la obtención de una versión final y definitiva parecía imposible. Además, las viejas leyendas (viejas aquí no solo por provenir de la remota Primera Edad, sino también en relación con la edad de mi padre) se convirtieron en vehículo y depositario de sus más profundas reflexiones. En escritos posteriores las preocupaciones teológicas y filosóficas fueron desplazando a las preocupaciones mitológicas y poéticas, de lo que surgieron incompatibilidades de tono».

A pesar de todo, Ronald quería terminar su mitología. Pero crecía en él la convicción de que se trataba ya de una tarea inalcanzable, y sus fuerzas disminuían. Había pasado mucho tiempo desde los años de la adolescencia, cuando la llama del corazón era ardiente, y las fuerzas y el vigor le permitían imaginar que podría llegar al fin del mundo si se lo proponía. Por eso, los sentimientos de Tolkien en estos años finales son una mezcla (difícil de comprender del todo) de perfeccionismo, amor a la literatura, nostalgia y debilidad, física y anímica: la clarividencia que da el saber que la muerte está ya cerca.

El 22 de noviembre de 1963 falleció C. S. Lewis, su gran amigo. A pesar de que en los últimos años se habían distanciado un poco, Ronald se sintió profundamente abatido por esta separación definitiva. Escribió a su hija Priscilla:

«Hasta ahora solo había tenido los sentimientos normales de un hombre de mi edad, comparable a un árbol anciano que pierde sus hojas una a una; esto es como un hachazo en las raíces».

No quiso escribir nada en homenaje a su amigo. Se sumió en el silencio y pasó muchas horas leyendo y meditando sobre el último libro escrito por Jack, *Cartas a Malcolm, sobre todo acerca de la plegaria*, que fue su libro de cabecera durante un tiempo.

Fue muy generoso con la fortuna que le habían dado sus libros. Entregó una importante cantidad de dinero a su parroquia (de forma anónima), hizo testamento dejando todas sus posesiones a sus hijos e incluso envió un cheque por una elevada cantidad a Hacienda, aunque acompañado de una nota donde se leía: «Ni un penique para el Concorde».

En esos años de bajo estado de ánimo, recibió la petición de un editor americano para escribir el prólogo a una reedición de *La llave dorada*, de George MacDonald. Aceptó y en enero de 1965 comenzó el prólogo, que se convirtió, sin querer, en un nuevo cuento. Lo tituló *El herrero de Wootton Mayor*. También este tenía un sentido alegórico y Tolkien se refería a sí mismo. El escritor, como el herrero protagonista del relato, sentía la obligación de entregar la estrella de la inspiración mágica, la llave para entrar en el País de Fantasía, a otros aprendices. Él había cumplido con su parte en la historia. Era un cuento melancólico, pero cuando se publicó en 1967, a muchos críticos les pasó desapercibido el matiz autobiográfico que teñía sus páginas. En palabras de Ronald, *El herrero de Wootton Mayor* era «el libro de un anciano».

Sus diarios de estos años finales reflejan, en ocasiones, la angustia y soledad que sentía: «La vida es gris y sombría. Nada puedo hacer entre la aridez y el aburrimiento (confinado en mis habitaciones), entre la ansiedad y la desesperación. ¿Adónde iré? ¿A un asilo de ancianos, sin libros, contactos ni conversación con otros hombres? ¡Dios me asista!». Y, en mitad de esa soledad, llegó el suceso fatal: la repentina muerte de Edith, el 29 de noviembre de 1971, a causa de una inflamación de vesícula. Tenía 82 años. La historia de Beren y Lúthien, que había sido la vida real de Ronald y Edith, llegaba a su ineludible final. Y en recuerdo de ese amor imborrable, esos dos nombres míticos están grabados en la tumba donde descansan los restos mortales de ambos, en el cementerio de Wolvercote, en Oxford.

Tolkien volvió entonces a Oxford. La universidad le cedió un apartamento en el número 21 de Merton Street, y un matrimonio que vivía en la planta baja le atendía. La mudanza se hizo en marzo de 1972, y en el viaje desde Bournemouth a Oxford, Ronald entabló amistad con los tres hombres de la empresa de mudanzas, que lo llevaron en su camión. Seguía siendo un hombre encantador, amable y de trato y conversación fáciles.

Recibió varios doctorados honoríficos, de Oxford y de la universidad de Edimburgo, y la reina de Inglaterra le nombró Comendador del Imperio Británico, lo cual le emocionó profundamente. Repasó con Christopher la manera de terminar *El Silmarillion*, pero no avanzaron demasiado. Físicamente no se encontraba muy bien y seguía una dieta muy severa. Él notaba que se acababa su tiempo. Visitaba a menudo la tumba de Edith; las fotos de los últimos meses de su vida muestran a un Tolkien envejecido, con bastón y siempre cerca de los árboles, paseando a la sombra de los jardines de Oxford. En su mirada anhelante se adivina la sospecha del final cercano. Parece buscar con los ojos las costas del Reino Bendecido de los elfos, Valinor. Se acercaba para él la hora de partir a los Puertos Grises. Como Túrin Turambar, otro de sus maravillosos personajes, podía oír ya «los pasos del destino que lo perseguían hasta el fin».

En agosto de 1973 viajó de nuevo a Bournemouth. Durante la fiesta de cumpleaños de la esposa de su médico se sintió súbitamente mal. Al día siguiente fue ingresado en una clínica, donde se le diagnosticó una grave úlcera de estómago. Solo John y Priscilla llegaron a tiempo para acompañar a su padre en los últimos momentos. En la mañana del domingo 2 de septiembre de 1973, moría J. R. R. Tolkien, a los 81 años de edad. Lejos de Oxford, pero cerca del mar... El propio John celebró la misa de funeral y, aunque no se leyó ningún fragmento de sus obras, en el aire flotaba el élfico eco del lamento de Galadriel en la hora de la despedida: *Namárië!* O quizá fuese más adecuado citar aquí, a modo de epitafio, las palabras finales de Aragorn, en el adiós a Arwen:

«Pero no nos dejemos abatir en la prueba final, nosotros que otrora renunciamos a la Sombra y al Anillo. Con tristeza hemos de separarnos, mas no con desesperación. ¡Mira! No estamos sujetos para siempre a los confines del mundo, y del otro lado hay algo más que recuerdos. ¡Adiós!».

Epílogo
De la Comarca a Valinor:
el viaje de ida y vuelta

Entramos silenciosamente en el garaje, convertido hace años en lugar de estudio. Un profundo aroma a tabaco de pipa impregna la estancia. A medida que avanzamos, descubrimos un laberinto de estanterías atestadas de libros, diccionarios de etimologías en lenguas diversas y extrañas, y carpetas repletas de páginas escritas con una apretada y delicada caligrafía, apiladas en aparente desorden. Cerca de la chimenea, un hombre se afana en su trabajo.

A través de la ventana sur, que da al jardín, entra la luz, filtrada por el mapa de la Tierra Media. En la ventana de la izquierda hay un gran mural, clavado con chinchetas al marco, que señala las fases de la luna tal y como se habrían sucedido en su mundo imaginario —él piensa en el nuestro, hace unos diez mil años—. El hombre se inclina sobre una incómoda y pequeña mesa de madera, con cajones a ambos lados. Apuntala cada letra en una vieja máquina de escribir, como un delicado copista del medievo. Con la pipa entre los dientes, apenas audible, llega el eco de las palabras que pronuncia en voz baja y que van componiendo el gran poema épico al que ha dedicado su vida.

J. R. R. Tolkien, erudito y profesor de anglosajón e historia del inglés —aunque domina otros dieciséis idiomas—, está profundamente convencido de que su contribución fundamental a la Filología como ciencia es su creación literaria y artística. En sus historias de la Tierra Media, pero también en cada uno de los cuentos que ha escrito, ha vertido el inmenso saber que atesora. Conoce las obras fundacionales de la literatura del norte de Europa, las ha leído en la lengua original, las explicó hace años en Leeds y las enseña ahora en Merton College, ante un auditorio de perplejos pero encantados alumnos, que no pueden perder ripio de lo que dice, porque apenas se le oye. Murmura continuamente, en un discurso que parece dirigido a sí mismo, y al que afluyen constantemente anécdotas e historias colaterales que enriquecen el contenido de la asignatura.

Todos sus alumnos lo recuerdan con cariño e inmenso respeto: no es solo la cantidad de cosas que sabe lo que les impresiona, sino el tono en que dicta sus *lectures* —W. H. Auden llegó a escribir que «su voz era la de Gandalf»—. Aunque desordenado en la exposición, nadie lo ha visto jamás perdiendo el tiempo, de modo que no se le puede acusar de descuido en la preparación de las clases. Es un hombre minucioso y metódico. Posee un profundo conocimiento de lo que dice, y es incluso capaz de certificar por qué el poeta de *Beowulf*, el recopilador del *Kalevala* o el autor de *Sir Gawain and the Green Knight* escogieron una determinada palabra y no otra. Todos salen del aula con el ánimo engrandecido, más *filó-logos* ('amantes de las palabras'), más encantados de saber cómo funciona un idioma desde dentro, porque su profesor les ha iluminado un pasaje oscurecido por el paso de los siglos y, en ocasiones, por la falta de talento y sabiduría. Tolkien es, y él lo sabe, uno de los últimos representantes de esa forma de Filología entendida como ciencia que estudia el lenguaje desde la raíz a las ramas, analizando la amalgama de significados, formas y etimologías que han creado un idioma y su cultura. Ha dedicado su vida a la creación de lenguas y sobre el bastidor de esos idiomas inventados ha elaborado un complejísimo tapiz de relatos y mitos que abarcan desde la creación de Arda, su mundo imaginario, hasta el desenlace de la Guerra del Anillo, al final de la Tercera Edad. Ha querido salvar con su labor de escritor el abismo que se abre inexorablemente —como en Moria se abría la oscuridad bajo los pies de Gandalf al enfrentarse al Balrog— entre lenguaje y literatura. Él sabe que son realidades que van de la mano. Se necesitan como el corazón y la vida o, con una imagen más acorde a sus gustos, como la savia y el árbol.

John Ronald Reuel Tolkien ha dedicado su vida a pintar una hoja, delineando los detalles, contornos y nervaduras con infinita paciencia y amoroso cuidado de jardinero. Ha empleado sus mejores energías en elaborar una «mitología para Inglaterra, mi país». Y en los últimos años de su vida, cuando el tronco del árbol empieza a combarse por el peso inexorable del tiempo, John Ronald quiere acometer lo imposible. Él lo sabe, pero toda su vida ha amado los retos imposibles. Ha creado historias de amores más allá de la alegría y de las lágrimas, cuentos de hazañas y derrotas, de nostalgia y felicidad afiladas como espadas. Ha contado historias tristes, «como todas las historias de la Tierra Media, pero que quizá alivien vuestros corazones». Ante la cercanía de la muerte imperecedera, el profesor quiere culminar su mitología y reemprende la ordenación de los miles de páginas que componen la historia de la Tierra Media, desde el canto de los Ainur y los Días Antiguos...

Es entonces cuando se da cuenta, con plena lucidez, de que tras la hoja a la que ha dedicado tantas horas, esfuerzos y cuidados, se adivina una rama; y tras la rama un árbol de espeso follaje. Y, más allá del árbol, un paisaje de montañas inaccesibles, coronadas de sol y nubes, que refulge a la luz de un tiempo que él ya no podrá contemplar. Ha llegado su hora de marchar hacia los Puertos Grises. Menguará y partirá hacia el Oeste, condenado a olvidar y ser olvidado...

Pero su recuerdo pervive en el alma de millones de lectores, de lenguas y culturas tan diversas y remotas como la misma Tierra Media. Desde Valinor, John Ronald Reuel Tolkien mira de nuevo su árbol y la pequeña hoja que él pintara, y exclama como Niggle, en voz queda, pero ya perfectamente audible: «¡Es un don!»

Índice

Colección biografía joven

1. **Pasión por la verdad** (San Agustín)
   Autor: Miguel Ángel Cárceles

2. **El joven que llegó a Papa** (Juan Pablo II)
   Autor: Miguel Álvarez

4. **La madre de los más pobres** (Teresa de Calcuta)
   Autora: María Fernández de Córdova

5. **La descubridora del radio** (María Curie)
   Autora: Mercedes Gordon

6. **Un genio de la pintura** (Velázquez)
   Autora: Mercedes Gordon

7. **Camino de Auschwitz** (Edith Stein)
   Autora: María Mercedes Álvarez

8. **La formación de un imperio** (Carlos V)
   Autor: Godofredo Garabito

9. **Los pastorcillos de Fátima** (Lucia, Francisco y Jacinta)
   Autor: Miguel Álvarez

10. **Un arquitecto genial** (Antoni Gaudí)
    Autor: Josep Maria Tarragona

11. **Un corazón libre** (Martin Luther King)
    Autores: José Luis Roig y Carlota Coronado

12. **Una vida para la música** (Johann Sebastian Bach)
    Autora: Conchita García Moyano

13. **El hijo del trueno** (San Juan de Betsaida)
    Autor: Miguel Ángel Cárceles

14. **Siempre madre** (Santa Juana de Lestonnac)
    Autora: M.ª Teresa Rados, O. N. S.

J. R. R. Tolkien

De Sudáfrica a Birmingham:

A finales del siglo XIX, Sudáfrica vivía su particular fiebre del oro. Las potencias coloniales, en especial Holanda e Inglaterra, explotaban también las recién descubiertas minas de diamantes. Arthur Tolkien trabajaba en Bloemfontein para el Lloyds Bank, que tenía importantes inversiones en el país. Hasta allá viajó su prometida Mabel Suffield para casarse, y allí nacieron John Ronald, en 1892, y Arthur Hilary, en 1894. Pero la dureza del clima obligó a Mabel a regresar a Inglaterra con sus hijos. La repentina muerte de Arthur forzó a la joven viuda a instalarse en las afueras de Birmingham. La belleza del paisaje de la campiña inglesa modeló en John Ronald una manera especial de mirar el mundo, de sentir la naturaleza como un don vivo y hermoso.

Bloemfontein a principios del siglo XX.

un viaje de ida y vuelta

La segunda revolución industrial destruyó gran parte del paisaje campestre inglés. Esa pugna entre naturaleza y máquina ejerció una duradera influencia en el espíritu creativo de Tolkien.

Al quedar huérfanos en 1904, los hermanos Tolkien fueron acogidos por un sacerdote del Oratorio de San Felipe Neri, el padre Francis Morgan. El Oratorio había sido fundado por el beato John H. Newman en 1849.

PHOENIX HOS

CUTHBER
FOR
GOOD SHO

Edith y los idiomas inventados

El origen del imaginario tolkieniano se encuentra en los idiomas inventados. Tolkien llegó a dominar más de veinte lenguas y dialectos, en especial antiguos, e inventó unos cuantos más a lo largo de su vida. Esos idiomas fueron la base sobre la que su imaginación elaboró otros mundos posibles, profundamente deseables y verosímiles (una tarea que él llamó *subcreación*). A partir de ellos surgieron los cuentos, mitos y leyendas de Beleriand y la Tierra Media. Tolkien dedicó tanto tiempo a sus idiomas como a escribir los miles de páginas que componen su mitología.

Edith Bratt era, como Tolkien, huérfana. Se conocieron siendo aún adolescentes, y a pesar de las prohibiciones de sus respectivos tutores, mantuvieron un difícil noviazgo hasta que John Ronald cumplió la mayoría de edad. Se casaron poco antes de que él partiese hacia las trincheras del Frente Occidental, a punto para la matanza en el Somme, en el verano de 1916.

Aspecto de las calles de Warwick, lugar al que se trasladó Edith después de su conversión.

Inspiradas en sus dos idiomas favoritos, el finés y el galés, Tolkien inventó las dos lenguas de los elfos, el quenya y el sindarin. Dedicó mucho tiempo a escribir fragmentos de sus relatos en una esbelta y esmerada caligrafía.

Las ciénagas de los muertos

Entre 1914 y 1918, la Primera Guerra Mundial acabó brusca y trágicamente con el mundo tal y como este era concebido hasta entonces. La contienda recibió el título de la «Gran Guerra», y en ella pereció tristemente lo más granado de toda una generación, pues la muerte no distingue ni entiende de bandos.

Tolkien combatió en el Frente Occidental, y tomó parte en la batalla del Somme. Contrajo la fiebre de las trincheras, y fue devuelto a Inglaterra para que se recuperase en un hospital. En las trincheras había comenzado a redactar *La caída de Gondolin*, que sería la primera de las historias de *El Libro de los Cuentos Perdidos*. Con el tiempo, ese libro se convertiría en *El Silmarillion*.

Una mitología de Inglaterra

La célebre ciudad universitaria de Oxford fue el escenario en que se desarrolló la vida de Tolkien.

A partir de 1926, y hasta su muerte en 1973, Tolkien vivió con su familia en Oxford. Allí enseñó Historia del Inglés y Literatura Inglesa, centrando su atención en el anglosajón, en *Beowulf* y en la literatura anterior a Chaucer (siglo XIV). El inglés moderno siempre le pareció pobre en comparación con la riqueza de matices y sonoridad de sus antepasados lingüísticos.

Su ilusión era inventar una mitología que pudiese dedicar como un regalo a su país, Inglaterra, por lo que John Ronald se dedicó a esa tarea subcreativa durante los siguientes cuarenta años, construyendo tramas a partir de idiomas y mapas imaginarios. Sentía que Inglaterra no tenía una mitología propia, y especialmente a partir de 1066 con la invasión normanda, el elemento genuinamente inglés desapareció en gran medida del lenguaje, la cultura y la propia vida.

El tapiz de Bayeux es un lienzo bordado de casi 70 metros que data del siglo XI. En él se relata, mediante una sucesión de imágenes y sus correspondientes leyendas en latín, los hechos previos a la conquista normanda de Inglaterra en 1066, tras la batalla de Hastings.

Cuentos domésticos y paseos míticos

Desde 1917, con el nacimiento de John, hasta que Priscilla dejó de ser niña, Tolkien inventó cuentos que tenían como auditorio el ámbito doméstico. Allí nacieron y crecieron los cuentos de la década de 1920 y 1930, las aventuras de Bilbo Bolsón, y también las cartas que anualmente llegaban desde el Polo Norte escritas con la temblorosa caligrafía de Papá Noel.

Después de la Gran Guerra la población de Oxford, una ciudad estudiantil, quedó literalmente diezmada. Casi todos los amigos de Tolkien eran, como él, excombatientes. Se sentían fuertemente unidos en su amistad por el vínculo de la común experiencia de la amarga pérdida. Esa amistad acrisoló el ingenio de cada uno para la creación literaria. Ante el auditorio que formaban aquellos amigos fueron leídas las obras de unos y otros, y los largos paseos que daban por Oxfordshire, o por los caminos que se entrelazaban entre los *colleges*, servían para hablar de todo un poco, desde teología hasta los chascarrillos de la vida académica.

La metáfora del camino aparece muchas veces en las obras de Tolkien, como imagen de lo inesperado, del desafío y, por eso, también de la esperanza. Tolkien y sus amigos inklings gustaban de dar largos paseos por Addison's Walk, alrededor de Magdalen College y junto al río Cherwell.

La torre de Magdalen College, a cuyo claustro de profesores pertenecía C. S. Lewis.

Tolkien sabía mucho de botánica, la ciencia de las plantas. Los jardines de Merton College eran uno de sus lugares favoritos.

El pub *Eagle and Child* fue uno de los lugares habituales de reunión de los inklings. Ellos lo llamaban jocosamente *Bird & Baby*.

La compañía estable

El cardenal **John Henry Newman** (1801-1890). Fue uno de los iniciadores del Movimiento de Oxford. Abrió el camino de la conversión para muchos anglicanos después de recorrer él mismo esa senda. Fue beatificado por Benedicto XVI el 19 de septiembre de 2010.

Geoffrey Chaucer (1343-1400), autor de los *Cuentos de Canterbury*. Tolkien dedicó mucho estudio y gustosa atención a su obra.

George MacDonald (1824-1905), escritor escocés que ejerció una gran influencia sobre la vida y la obra de C. S. Lewis. Algunos de sus cuentos se contaban entre los favoritos de Tolkien, y también de sus hijos.

William Morris (1834-1896), fundador del movimiento *Arts and Crafts*. Fue un humanista de amplio espectro. Sus narraciones de corte épico siempre agradaron a Tolkien, en especial por la apariencia de una historia más amplia que enmarcaba la acción en primer plano.

Gilbert Keith Chesterton (1874-1936). Su polifacético genio aún se deja sentir en todo el mundo. Tolkien y él compartían una visión acorde sobre el mundo, y sobre el profundo valor y significado de los cuentos.

Älteste deutsche Heldendichtung nach dem Angelsächsischen

erzählt von

GEORG PAYSEN PETERSEN

Desde su niñez como huérfano en el Oratorio de Birmingham, por cuyos pasillos aún resonaban los pasos de Newman, hasta sus lecturas de juventud, Tolkien gozó siempre paseando por las antiguas mitologías del ámbito anglo-germánico. Todas aquellas tradiciones orales formaron el humus de su inspiración.

Tolkien es todavía la autoridad académica de mayor renombre sobre el poema fundacional de la literatura inglesa, *Beowulf*.

Las sagas islandesas, escritas en nórdico antiguo, fecundaron la imaginación de Tolkien desde su primera adolescencia.

Los *Edda* son colecciones de historias relativas a la mitología nórdica. Existen dos compilaciones, la *Edda* menor, en prosa, de Snorri Sturlusson (siglo XIII); y la *Edda* Mayor o poética, atribuida a Sæmundar y conservada en el *Codex Regius*.

Los Inklings

Desde sus años de estudiante en Oxford hasta sus últimos días, Tolkien se reunió con sus amigos regularmente para charlar, beber y fumar, mientras leían en voz alta los relatos y estudios de unos y otros. Fruto de esa camaradería fueron la T.C.B.S., el Viking Club que fundó con Eric Valentine Gordon en Leeds, los *Coalbiters* y, por último, los Inklings «de mentes perspicaces». Algunos otros asistentes habituales a esas tertulias fueron Robert Havard, John Wain, Hugo Dyson, Nevill Coghill, Colin Hardie o Warren Lewis (hermano de C. S. Lewis), entre otros.

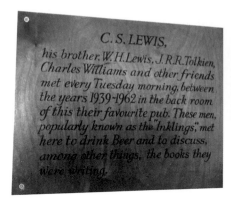

Clive Staples Lewis (1898-1963), el gran amigo de Tolkien, teólogo y especialista en historia de la Literatura universal. Una de las grandes mentes del siglo xx. De su pluma nacieron *Las Crónicas de Narnia* y un sinfín de trabajos académicos y estudios sobre aspectos de la fe cristiana.

Charles Williams (1886-1945), escritor y dramaturgo.

Owen Barfield (1898-1997), gran amigo de C. S. Lewis, influyó mucho en las ideas que Tolkien llegó a tener acerca del poder subcreativo del lenguaje.

Christopher Tolkien (1924) tercer hijo de los Tolkien, albacea y editor de las obras póstumas de su padre.

Los Puertos Grises

Tolkien dejó escrito que *El Señor de los Anillos* era «un ensayo de estética lingüística sobre la muerte y la inmortalidad». La caducidad de la belleza y el paso del tiempo, así como la nostalgia y el afán posesivo, son asimismo temas presentes en toda su mitología.

Edith y John Ronald fallecieron en un intervalo de poco más de dos años. Ambos están enterrados en el cementerio de Wolvercote, al noroeste de Oxford. En la lápida de su tumba se puede leer el nombre de los protagonistas de una de las historias más hermosas y tristes inventadas por John Ronald: Beren y Lúthien Tinúviel. Tolkien estaba convencido de que la muerte no era el final. Como dice Aragorn en el apéndice final de *El Señor de los Anillos*, «con tristeza hemos de separarnos, mas no con desesperación (...). No estamos sujetos para siempre a los confines del mundo, y del otro lado hay algo más que recuerdos».

Cronología

1892 El 3 de enero nace Tolkien en Bloemfontein, Sudáfrica.

1896 Muere repentinamente su padre, Arthur.

1900 Mabel Suffield, madre de John Ronald y Hilary, se convierte al catolicismo, lo cual les causa muchos sufrimientos a causa de la incomprensión de sus familias.

1904 Mabel fallece a causa de la diabetes. Ronald y Hilary quedan bajo la custodia de un generoso tutor de origen español, el padre Francis Morgan, sacerdote del Oratorio de Birmingham.

1908 John Ronald conoce a Edith Bratt.

1911 Tolkien comienza sus estudios universitarios en Exeter College, Oxford.

1913 El 3 de enero, recién cumplidos sus veintiún años (la mayoría de edad), y libre ya para decidir sobre su futuro, escribe a Edith y se reúne con ella. Reanudan su noviazgo, interrumpido por la prohibición del tutor de John Ronald.

1916 El 22 de marzo se casan, poco antes de que Tolkien embarque rumbo a las trincheras del Frente Occidental para participar en la gran ofensiva del Somme. Ese mismo año contrae la fiebre de las trincheras, y retorna a Inglaterra. Comienza la escritura del ciclo mitológico que, con el tiempo, se convertirá en *El Silmarillion*.

1917 Nace el primer hijo de los Tolkien, John.

1919 Trabaja como lexicógrafo en el *Oxford English Dictionary*.

1920 Consigue un trabajo como *lecturer* en la Universidad de Leeds. Allí vivirán hasta 1926. Nace su segundo hijo, Michael.

1924 Nace Christopher. Tolkien trabaja con Eric Valentine Gordon en la edición del poema tardomedieval *Sir Gawain and the Green Knight*, publicada al año siguiente.

1925 Tolkien es nombrado profesor de anglosajón en Oxford.

1926 Conoce a C. S. Lewis, recién llegado a Oxford, y se hacen muy amigos. Juntos fundan los *Coalbiters*, una de las tertulias literarias que jalonan la vida de ambos.

1929 Nace Priscilla, la cuarta y última hija de los Tolkien. Por entonces Ronald narraba a sus hijos varones las aventuras de Bilbo Bolsón cada noche, y luego ponía por escrito lo que acababa de contarles.

1937 En septiembre se publica *The Hobbit*, que se convierte en seguida en un éxito de ventas. La editorial Allen & Unwin le pide una continuación. En diciembre escribe el primer capítulo de *The Lord of the Rings*.

1939 Pronuncia la conferencia *On Fairy Stories*, uno de los ensayos más importantes para entender en profundidad la mitología de Tolkien y el papel de los idiomas en la invención literaria. Poco después escribe el largo poema *Mitopoeia*, en el que condensa lo que es el arte de contar historias.

1945 Tolkien es nombrado profesor de Lengua y Literatura inglesas en Merton College.

1949 Concluye *El Señor de los Anillos*. Muchos de los capítulos han sido leídos durante los años de la Segunda Guerra Mundial por su hijo Christopher y por C. S. Lewis. Ambos lo consideran una obra única.

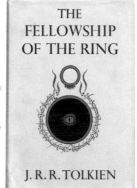

1954 Ven la luz *The Fellowship of the Ring* y *The Two Towers*, primeros dos volúmenes de *El Señor de los Anillos*.

1955 Es publicado el tercer volumen, *The Return of the King*.

1959 Tolkien se jubila. Durante esos años mantiene una intensa correspondencia con personas de todo el mundo, a medida que *El Señor de los Anillos* se convierte en una obra de éxito e influencia incalculables.

1962 Se publica *The Adventures of Tom Bombadil*.

1965 Las obras de Tolkien se extienden por los campus de las universidades estadounidenses. Muchos personajes son tomados como iconos de la cultura pop y de los movimientos contraculturales durante esa difícil y compleja década.

1967 Ve la luz su cuento *Smith of Wooton Major*, un relato profundamente autobiográfico, auténtico testamento poético del autor.

1971 En noviembre fallece Edith, a la edad de 82 años.

1972 Tolkien se muda a un pequeño apartamento que la Universidad de Oxford le ofrece en el número 21 de Merton Street. Es nombrado Comendador del Imperio Británico por la reina.

1973 A finales de agosto se siente repentinamente enfermo mientras está de vacaciones en el pueblo costero de Bournemouth. Es trasladado a un hospital, donde muere el 2 de septiembre a la edad de 81 años, a causa de una fuerte hemorragia estomacal. Sus hijos John y Priscilla llegan a tiempo de acompañarle en sus últimos momentos.

1977 Se publica, por fin, *The Silmarillion*, editado por su hijo Christopher a partir de las miles de páginas y numerosas versiones de cada capítulo que su padre fue acumulando desde el lejano 1916.

Tolkien y el mundo audiovisual

A pesar de que a Tolkien no le gustaban demasiado las dramatizaciones, tuvo ocasión de revisar algunos bocetos de guiones para cine y radio. Nadie preveía, sin embargo, el éxito rotundo que tendría la versión de *El Señor de los Anillos* dirigida por Peter Jackson, que fue estrenada entre los años 2001 y 2003. Sin embargo, es difícil que el cine comercial acierte a tratar el tempo contemplativo que predomina en las historias del imaginario tolkieniano, y casi todo se sacrifica en aras del espectáculo audiovisual. Antes, en 1978, había visto la luz una muy meritoria versión animada, dirigida por Ralph Bakshi.

Peter Jackson se ha colocado de nuevo tras las cámaras para realizar una versión de *El hobbit* en forma de dos largometrajes que se estrenan en 2012 y 2013.